Capacitação e desenvolvimento de pessoas

Central de Qualidade — FGV Management
ouvidoria@fgv.br

PUBLICAÇÕES FGV Management

SÉRIE GESTÃO DE PESSOAS

Capacitação e desenvolvimento de pessoas

2ª edição

Luzia Pacheco

Anna Cherubina Scofano

Mara Beckert

Valéria de Souza

FGV management

FGV EDITORA

ISBN — 978-85-225-0729-0

Direitos desta edição reservados à
EDITORA FGV
Rua Jornalista Orlando Dantas, 37
22231-010 — Rio de Janeiro, RJ — Brasil
Tels.: 0800-021-7777 — 21-3799-4427
Fax: 21-3799-4430
e-mail: editora@fgv.br — pedidoseditora@fgv.br
web site: www.fgv.br/editora
Impresso no Brasil / *Printed in Brazil*

Este livro foi editado segundo as normas do Acordo Ortográfico da Língua Portuguesa, aprovado pelo Decreto Legislativo nº 54, de 18 de abril de 1995, e promulgado pelo Decreto nº 6.583, de 29 de setembro de 2008.

1ª edição — 2005; 1ª reimpressão — 2006; 2ª reimpressão — 2007; 3ª e 4ª reimpressões — 2008; 5ª reimpressão — 2009; 2ª edição — 2009; 1ª e 2ª reimpressões — 2010; 3ª reimpressão — 2011; 4ª e 5ª reimpressões — 2012; 6ª reimpressão — 2013; 7ª reimpressão — 2014.

Preparação de originais: Claudia Martinelli Gama e Sandra Frank
Editoração eletrônica: FA Editoração Eletrônica
Revisão: Andréa Campos Bivar, Fatima Caroni e Mauro Pinto de Faria
Capa: aspecto:design
Ilustração de capa: André Bethlem

Pacheco, Luzia
Capacitação e desenvolvimento de pessoas / Luzia Pacheco, Anna Cherubina Scofano, Mara Beckert, Valéria de Souza. 2. ed. — Rio de Janeiro : Editora FGV, 2009.
144 p. — (Gestão de pessoas)

Acima do título: Publicações FGV Management.
Inclui bibliografia

1. Aprendizagem organizacional. 2. Desenvolvimento organizacional. 3. Universidade corporativa. I. Scofano, Anna Cherubina. II. Beckert, Mara. III. Souza, Valéria de. IV. Fundação Getulio Vargas. V. FGV Management. VI. Título. VII. Série.

CDD — 658.406

Aos nossos alunos e colegas docentes, que nos levam
a pensar e a repensar nossas práticas.

Sumário

Apresentação

Este livro compõe as Publicações FGV Management, programa de educação continuada da Fundação Getulio Vargas (FGV).

Instituição de direito privado com mais de meio século de existência, a FGV vem gerando conhecimento por meio da pesquisa, transmitindo informações e formando habilidades por meio da educação, prestando assistência técnica às organizações e contribuindo para um Brasil sustentável e competitivo no cenário internacional.

A estrutura acadêmica da FGV é composta por oito escolas e institutos: a Escola Brasileira de Administração Pública e de Empresas (Ebape), dirigida pelo professor Flavio Carvalho de Vasconcelos; a Escola de Administração de Empresas de São Paulo (Eaesp), dirigida pela professora Maria Tereza Leme Fleury; a Escola de Pós-Graduação em Economia (EPGE), dirigida pelo professor Renato Fragelli Cardoso; o Centro de Pesquisa e Documentação de História Contemporânea do Brasil (Cpdoc), dirigido pelo professor Celso Castro; a Escola de Direito de São Paulo (Direito GV), dirigida pelo professor Ary

Oswaldo Mattos Filho; a Escola de Direito do Rio de Janeiro (Direito Rio), dirigida pelo professor Joaquim Falcão; a Escola de Economia de São Paulo (Eesp), dirigida pelo professor Yoshiaki Nakano; o Instituto Brasileiro de Economia (Ibre), dirigido pelo professor Luiz Guilherme Schymura de Oliveira. São diversas unidades com a marca FGV, trabalhando com a mesma filosofia: gerar e disseminar o conhecimento pelo país.

Dentro de suas áreas específicas de conhecimento, cada escola é responsável pela criação e elaboração dos cursos oferecidos pelo Instituto de Desenvolvimento Educacional (IDE), criado em 2003 com o objetivo de coordenar e gerenciar uma rede de distribuição única para os produtos e serviços educacionais produzidos pela FGV, por meio de suas escolas. Dirigido pelo professor Clovis de Faro e contando com a direção acadêmica do professor Carlos Osmar Bertero, o IDE engloba o programa FGV Management e sua rede conveniada, distribuída em todo o país (ver www.fgv.br/fgvmanagement), o programa de ensino a distância FGV Online (ver www.fgv.br/fgvonline), a Central de Qualidade e Inteligência de Negócios e o Programa de Cursos In Company. Por meio de seus programas, o IDE desenvolve soluções em educação presencial e a distância e em treinamento corporativo customizado, prestando apoio efetivo à rede FGV, de acordo com os padrões de excelência da instituição.

Este livro representa mais um esforço da FGV em socializar seu aprendizado e suas conquistas. Ele é escrito por professores do FGV Management, profissionais de reconhecida competência acadêmica e prática, o que torna possível atender às demandas do mercado, tendo como suporte sólida fundamentação teórica.

A FGV espera, com mais essa iniciativa, oferecer a estudantes, gestores, técnicos — a todos, enfim, que têm internalizado o conceito de educação continuada, tão relevante nesta era do conhecimento — insumos que, agregados às suas práticas, possam contribuir para sua especialização, atualização e aperfeiçoamento.

Clovis de Faro
Diretor do Instituto de Desenvolvimento Educacional

Ricardo Spinelli de Carvalho
Diretor Executivo do FGV Management

Sylvia Constant Vergara
Coordenadora das Publicações FGV Management

Introdução

Ao longo de nossas trajetórias de trabalho, por meio de trocas com profissionais de diferentes segmentos, adquirimos experiência, conhecimento e vivência que nos fizeram refletir sobre os diversos aspectos sociais, humanos, políticos e funcionais que compõem as organizações.

As atividades desenvolvidas como interlocutores, docentes, ouvintes, consultores, agentes de mudanças ou observadores nos propiciaram visão geral dos contextos empresariais e de suas limitações, seja quanto a recursos materiais, ambientais e financeiros/orçamentários, seja quanto a pessoas.

Os frutos dessas experiências condensadas neste livro têm o propósito de socializar nosso entendimento sobre a capacitação e o desenvolvimento de pessoas. Além disso, objetiva provocar, no leitor, reflexão sobre suas práticas atuais e indicar as diversas formas de realizar a capacitação e o desenvolvimento em sua organização.

Com o intuito de alcançar nosso objetivo, optamos por uma lógica de exposição das ideias, conceitos, metodologias e instrumentos que facilitem a busca de informações atuais sobre o tema. Simultaneamente, também seguimos uma postura de não transformá-lo, leitor, em refém desta leitura, dando-lhe a oportunidade de encontrar as respostas às suas necessidades profissionais de maneira livre, particular e independente.

Encontraremos no primeiro capítulo uma visão geral sobre a evolução do processo de aprendizagem nas organizações, com algumas ponderações conceituais e tendências da área de capacitação e desenvolvimento de pessoas.

O segundo capítulo aborda as estratégias de capacitação e desenvolvimento de pessoas, seu alinhamento ao planejamento estratégico e os tópicos a serem observados na formulação dos programas de aprendizagem nas organizações.

O terceiro capítulo pormenoriza os programas, metodologias e tecnologias empregados, contemplando seus ajustes às realidades organizacionais, o que facilita ao profissional de gestão de pessoas uma escolha mais consistente e apropriada.

Por último, no quarto capítulo, apresentamos os fundamentos, objetivos, estratégias e condições para implementação da educação e da universidade corporativas, complementados com dois casos nacionais.

Boa leitura!

1

Evolução do processo de aprendizagem nas organizações

O objetivo deste capítulo é contextualizar e descrever o processo de capacitação e desenvolvimento de pessoas, por meio da conceituação dos diferentes processos que integram o sistema de aprendizagem corporativa. Como pano de fundo, oferecemos a percepção das novas tendências de organização do trabalho, estrutura organizacional e visão do ser humano.

A capacitação e o desenvolvimento envolvem algumas reflexões anteriores a sua conceituação. Essas reflexões residem tanto no âmbito histórico quanto no cenário atual das organizações e de suas perspectivas. No decorrer dessa contextualização, teremos a oportunidade de repensá-las conjuntamente.

Encarar as organizações como órgãos voltados para si mesmos e seus empregados, com necessidades específicas para atender demandas situacionais e no âmbito da realização do seu próprio trabalho, propiciou a prática taylorista não somente na realização do trabalho, como também no processo de capacitação e desenvolvimento das pessoas.

Essa prática permanece em algumas organizações até os dias atuais. Muitas, até, nem chegaram a percebê-la. Entretanto, para que as organizações entendam as novas demandas de aprendizagem e desenvolvimento de seus empregados, é necessário que revejam seus modelos organizacionais e suas práticas gerenciais. Enfim, reconstruam-se, revigorem e atualizem seus programas de capacitação e desenvolvimento no âmbito organizacional, em conformidade com os novos cenários nos quais estão inseridas.

Para que isso ocorra, são imperativas atitudes de inovação, visão e condutas diferenciadas por parte dos gestores diante dos processos de qualificação, capacitação e desenvolvimento de pessoas, o que talvez se constitua em uma tarefa de dimensão significativamente complexa, visto que muitos não estão preparados para a implementação de programas voltados para a gestão de pessoas.

Além disso, o resultado esperado nem sempre ocorre em curto prazo. Afinal, estamos falando de ações com pessoas e sobre as implicações da subjetividade humana no processo de trabalho, presentes em cada uma dessas ações, considerando ainda os modelos tecnológicos, cognitivos e comportamentais.

O referido fato, em vários espaços corporativos, é causador de conflitos de interesses, como, por exemplo, necessidade de respostas e resultados imediatos *versus* um processo dependente de amadurecimento cognitivo-emocional, o qual demanda tempo e investimento a médio e longo prazos.

Trata-se de decisões de âmbito político e da alta administração, sujeitas às diretrizes estratégicas, ao tempo disponível e à percepção das necessidades de mudanças por parte das organizações com vistas ao seu negócio.

A compreensão desses novos modelos para capacitar e desenvolver nos remete à análise da evolução do pensamento com relação aos processos de aprendizagem corporativa, desde a influência das escolas clássicas até os dias atuais, com a presença de modelos mais integrados e sistêmicos.

O leitor perceberá que essa evolução aconteceu mediante a representação de paradigmas que passaram a integrar os ambientes organizacionais durante o século XX, decorrentes de diversos eventos, como, por exemplo, a exacerbação da globalização, que influenciou mercados, políticas internacionais, a economia, as relações culturais e humanas, a comunicação e outros diferentes segmentos da sociedade contemporânea no mundo.

Iniciaremos a análise pelo processo de treinamento, que teve sua culminância no período dos anos 1950 até a década de 1980. Nesse período, as empresas identificavam seus produtos como valores tangíveis. Portanto, careciam exclusivamente de capacitar seus empregados no âmbito técnico, por meio de treinamentos.

Do treinamento à aprendizagem

Por muitos anos, o uso do processo de treinamento foi consequência da necessidade de profissionalização interna e da pouca visão de competitividade empresarial, principalmente por ser a única metodologia de que as corporações dispunham para preparação e profissionalização de seu pessoal em face da educação formal, que não apresentava soluções às organizações para que estas alcançassem ganhos de escala significativos.

Os treinamentos tiveram relevante papel em termos de desenvolvimento parcial. Eles foram essenciais dentro de cada realidade organizacional; porém, na perspectiva contemporânea, alguns se tornaram ineficientes em virtude de muitas vezes não terem sido mensurados, tampouco avaliados, e não propiciarem a visão do todo. Outro fator negativo do uso exclusivo do treinamento nas organizações está em não se obter retorno a médio ou longo prazo.

O treinamento possui um foco bem-demarcado. Em razão do seu caráter pragmático, tende a tornar o processo de aprendizagem restrito. Neste momento, cabe definirmos o conceito de treinamento e suas especificidades.

> Treinamento comportamental, ato ou efeito de intervenções aplicadas principalmente por setores de treinamento e/ou de recursos humanos das empresas, cujo objetivo fundamental é a modelagem dos comportamentos dos indivíduos, visando estimular sua mobilização psíquica e seu engajamento em valores e práticas cultivados e desejados pela organização. Treinamento profissional diz respeito à preparação do indivíduo, com a assimilação de novos hábitos, conhecimentos, técnicas e práticas voltadas para a satisfação de demandas no exercício da profissão. O treinamento profissional caracteriza-se também por almejar objetivos bem delimitados e por buscar alcançar uma operacionalização e aplicabilidade imediata dos conteúdos e aspectos trabalhados nas suas atividades. E, exatamente em razão do pragmatismo que o orienta, tende a ser limitado enquanto processo educacional e, muitas vezes, é questionado pela maneira imediatista de lidar com o conhecimento, as atitudes e hábitos a serem desenvolvidos nos treinandos.
>
> (Núcleo de Estudos sobre Trabalho e Educação, 2000:348-349)

Apesar desses fatores, treinamentos são convenientes no momento em que acrescentam valor aos processos e atendem aos objetivos específicos da organização.

Em décadas passadas, quando se falava em treinamento com alguns empresários, era comum ouvirmos: *Para que treinar? Para o meu concorrente levar o meu profissional?* Treinamento representava custos e não havia uma percepção de possíveis ganhos para a empresa, além da adequação ao trabalho.

No decorrer das décadas, com o surgimento de novas tecnologias e da globalização, apareceram outras necessidades de desempenho, que incluíam inovação, agilidade e transformação da aprendizagem em vantagem competitiva.

Ao mundo organizacional, não cabe mais manter exclusivamente produtos com valores tangíveis ou dentro dos parâmetros fordistas e tayloristas.

O quadro 1 busca sintetizar a mudança do paradigma do treinamento para a aprendizagem.

Quadro 1

MUDANÇA DO PARADIGMA DO TREINAMENTO PARA A APRENDIZAGEM CORPORATIVA

Antigo paradigma de treinamento	Conceito	Paradigma da aprendizagem do século XXI
Prédio	*Local*	Aprendizagem disponível sempre que solicitada, em qualquer lugar, a qualquer hora
Atualizar qualificações técnicas	*Conteúdo*	Desenvolver competências básicas do ambiente de negócios
Aprender ouvindo	*Metodologia*	Aprender agindo
Funcionários internos	*Público-alvo*	Equipes de funcionários, clientes, fornecedores de produtos
Professores/consultores de universidades externas	*Corpo docente*	Gerentes seniores internos e um consórcio de professores universitários e consultores
Evento único	*Frequência*	Processo contínuo de aprendizagem
Desenvolver o estoque de qualificações do indivíduo	*Meta*	Solucionar problemas empresariais reais e melhorar o desempenho no trabalho

Fonte: Corporate University Xchange, Inc. © (1997).

Cada vez mais, a sociedade exige produtos diferenciados que acolham necessidades pessoais, o que assinala outra realidade psicossociológica, cultural e econômica: não há mais lugar para acreditar que todos comprarão somente "carros pretos e da Ford", como queria Henry Ford.

No momento em que a sociedade passou a incluir nos produtos valores intangíveis como, por exemplo, segurança, status, autorrealização, diferenciação, exclusividade, entre outros, tudo mudou: a sociedade, as empresas e a relação destas com seus profissionais.

Para atender às exigências desse novo cliente, as organizações precisam que seus empregados também se transformem, inovando, criando e aditando valores até então insignificantes ou irrelevantes.

Alterar o processo de aprendizagem corporativa transformou-se em prioridade para as organizações, e treinar já não era suficiente para a nova realidade. Com isso, o processo de capacitação adquiriu amplitude conceitual.

O conceito de capacitação surge com a exigência de assimilação de novos conhecimentos, técnicas, atualização, desenvolvimento de competências e mudanças de atitudes, traduzidas por mudanças de comportamento.

> Entende-se por capacitação o ato ou efeito de habilitar; de tornar uma pessoa capaz, possuidora de faculdades, potencial e habilidades para estar em estado de compreender e desenvolver uma determinada atividade. Não se confunde com treinamento. Nesse, o processo de ensino-aprendizagem é tomado na perspectiva de instruir, de transmitir conhecimentos e informações, de acostumar o trabalhador às tarefas que deverá assumir no seu trabalho, ou seja, de habituar, disciplinar e até de adestramento.
>
> (Núcleo de Estudos sobre Trabalho e Educação, 2000:45)

A capacitação faz com que uma pessoa ou um grupo adquira conhecimentos e os compreenda, com o objetivo de larguear uma atividade profissional predeterminada com plena competência.

Durante um longo período de tempo, o processo de capacitação de pessoas apresentou falhas, identificadas pelo fato de não permitirem uma visão sistêmica da organização. Seu foco esteve apoiado na concepção mecanicista, ou seja, voltada especificamente para o aspecto técnico-operacional.

Um dos fatores que reforçaram essa carência do processo de capacitação foi a percepção de que a aprendizagem nas organizações era exclusivamente um método de instrução e transmissão de informações técnicas, de natureza imediatista, no qual a capacitação tinha caráter puramente finalista.

O processo de mudança da noção da capacitação de caráter puramente finalista para uma visão mais abrangente de aprendizagem recebeu de alguns autores, como Paulo Freire e Malcom Knowles, contribuições significativas para o aprofundamento das melhores formas de aprendizagem, com a quebra de paradigmas na educação e, principalmente, no tocante aos princípios da andragogia.

O estudo da andragogia não é um evento recente; ao contrário, ela vem sendo investigada há décadas e, entre as muitas conceituações, adotamos a que a define como a arte e ciência de orientar adultos para aprender. O interesse demonstrado, nos últimos tempos, por pesquisadores voltados para o progresso dos processos de aprendizagem de adultos faz com que a andragogia se torne um componente provocador de mudanças em crenças, princípios, metodologias e didática que até então foram aplicados indistintamente na pedagogia (aprendizado de crianças) tradicional.

Na estruturação de processos de ensino-aprendizagem corporativa, a indicação das metodologias a serem adotadas deve observar o respeito às premissas da andragogia:

- necessidade de conhecer — o adulto sabe, mais do que ninguém, da sua necessidade de conhecimento e, para ele, a maneira de colocar em prática tal conhecimento no seu dia a dia é fator determinante para o seu comprometimento com os eventos educacionais;
- autoconceito — além de ter consciência de sua necessidade de conhecimento, o adulto é capaz de suprir essa carência de forma independente. Ele tem capacidade plena de se autodesenvolver;
- experiência — constitui a base de aprendizagem para o adulto. É a partir dela que ele se dispõe, ou se nega, a participar de algum programa de desenvolvimento. O conhecimento do facilitador, o livro didático, os recursos audiovisuais, entre outros, são recursos que, por si sós, não garantem influenciar o indivíduo adulto para a aprendizagem. Esses recursos, portanto, devem ser vistos como referenciais opcionais, colocados à disposição para livre escolha;
- prontidão para aprender — o adulto está pronto para aprender o que decide aprender. Sua seleção de aprendizagem é natural e realista. Em contrapartida, ele se nega a aprender o que outros lhe impõem como sua necessidade de aprendizagem;
- orientação para aprendizagem — para a pessoa adulta, a aprendizagem é algo que tem significado para o seu dia a dia, e não apenas retenção de conteúdos para futuras aplicações;
- motivação — a motivação do adulto para a aprendizagem está na sua própria vontade de crescimento, e não é provocada por estímulos externos vindos de outras pessoas.

A andragogia revoluciona a concepção de aprendizagem, reconhecendo-a como um processo de mudança, de amadurecimento psicológico e social. Segundo Knowles (1990), as pessoas:

- passam de dependentes a indivíduos independentes, autodirecionados;

- acumulam experiências de vida que se constituirão em fundamento e substrato para aprendizados futuros;
- interessam-se pelo aprendizado e direcionam-se para o desenvolvimento das habilidades que utilizarão nos diferentes papéis e representações sociais, incluindo o âmbito profissional;
- esperam uma aplicação prática do que aprendem, reduzindo seus interesses por conhecimentos utilitaristas num futuro distante;
- preferem aprender somente para a resolução de problemas e desafios a aprender simplesmente um assunto;
- apresentam motivações (desejo de promoção; sentimento de realização pela proeza de uma ação recém-aprendida e outras);
- observam as características inerentes à fase adulta, identificam as diferenças que devem compor a formulação de programas de capacitação e desenvolvimento, tomando por base o aprendizado realizado e as demandas individuais. Assim, o aprendizado nesta fase extrapola os meios de aprendizagem formal, considerando a importância do aprender fazendo (prática), da experiência, da aplicabilidade e da motivação. Reconhece-se a capacidade do indivíduo no processo de autogestão do aprendizado.

É indiscutível a importância do aprendizado na fase adulta. Entretanto, a complexidade na elaboração, revisão e criação de métodos para esse público tem sido o grande desafio das instituições de ensino e organizações.

Em um cenário de altíssima competitividade, em que as organizações estão perseguindo a melhoria contínua de seus resultados, torna-se indispensável a conformidade metodológica da aprendizagem às peculiaridades individuais e grupais. O aproveitamento do conhecimento e do aprendizado permanente garante ganhos competitivos, crescimento e redução de custos.

De forma complementar aos princípios da andragogia, Senge (1990), em obra publicada há mais de 10 anos, socializou o conceito de *learning organization* embasado na incorporação das cinco disciplinas:

- domínio pessoal (ampliação da capacidade pessoal);
- modelos mentais (percepção de mundo e quebra de paradigmas);
- visão compartilhada (visão comum e coletiva da empresa, com foco no alinhamento das diferentes atividades);
- aprendizado em equipe (desenvolver inteligência e capacidade maiores que a soma dos talentos individuais);
- pensamento sistêmico (capacidade de estabelecer relações).

Para Senge, tudo na sociedade e nas organizações consiste na aprendizagem e na evolução das pessoas como indivíduos e integrantes de grupos sociais. As pessoas aprendem no dia a dia, ao longo do tempo, e, para o aprendizado efetivo nas organizações, a liderança mais importante não vem do topo da pirâmide, mas dos líderes de equipes — gerentes de desenvolvimento, gerentes de vendas, gerentes de unidades de produção ou chefes de operações de produção. Para tanto, as aspirações coletivas devem ser libertadas e as pessoas precisam aprender a crescer em grupo, no qual o modelo mecanicista deve ser descartado com a redefinição dos conceitos de aprendizagem. As corporações têm de ampliar suas competências na obtenção dos resultados que almejam, a fim de que se transformem em organização de aprendizagem e respondam com eficiência às demandas do novo milênio.

Precisamos refletir no quanto conseguiremos transformar nossas organizações em ambientes de aprendizagem, considerando que a gestão do conhecimento se transformou em grande impulsionadora de pessoas em torno da criação, retenção, disseminação e transformação do conhecimento. Todos esses esforços visam à mobilização de ganhos competitivos, ao compartilhamento das informações e à troca de saberes, provocando o *feedback* contínuo e necessário às organizações de aprendizagem. Esse posicionamento exige da organização uma tomada de decisão extrema, que implica o redesenho de suas atuais estruturas e a adoção de novo modelo de aprendizagem.

Modelo de organização de aprendizagem

Um novo modelo de aprendizagem é, sem dúvida, um jogo de quebra-cabeça vivido pelas organizações, uma vez que as velhas estratégias deixaram de servir como referenciais para essa nova ordem, que aponta relações mais complexas, interna e externamente. O modelo de organização de aprendizagem insere outros valores e atores, alterando o esquema até então conhecido de capacitar as pessoas. Exige outros padrões de relacionamento e estruturação, como mostra a figura 1.

Figura 1

MODELO DE ORGANIZAÇÃO DE APRENDIZAGEM

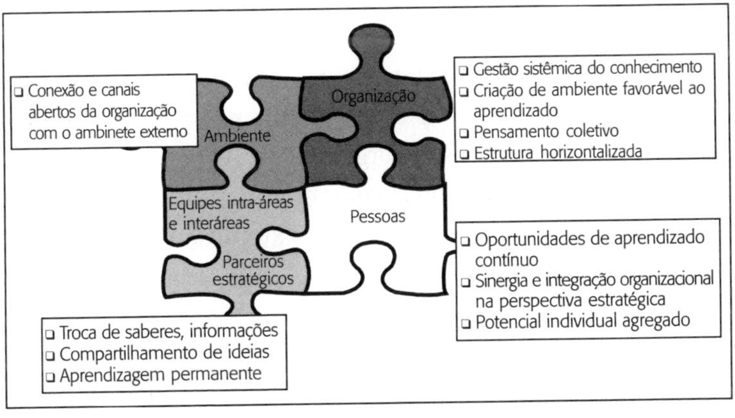

Cada peça desse quebra-cabeça possui significados específicos para este modelo de aprendizagem.

O *ambiente* é um cenário vivo, com reflexos diretos no contexto interno de cada organização, e esta deve preparar-se para atender às demandas do macroambiente.

Muitas decisões estratégicas passam por análises mais profundas e que derivam de vários aspectos a serem considerados no ambiente externo. Alguns indicadores devem ser monitorados, como o ambiente competitivo, o valor efetivo da empresa, potenciais investidores, o valor da marca e do capital humano, além das tendências sociais, econômicas, políticas e situacionais (Barros, 2003).

As organizações vivem um processo de constante ajuste e renovação ante as mudanças demandadas, direta ou indiretamente, pelo mundo do qual fazem parte. Além disso, diversos atores, tais como consultores, profissionais liberais, pessoas influentes, parceiros, fornecedores, entre outros, são fundamentais na rede de relacionamentos das organizações, viabilizando uma conexão constante para se manterem atualizadas com o mercado.

Por meio dos trabalhos em *equipe*, concretiza-se o modelo de organização de aprendizagem; as equipes são responsáveis por grande parte da disseminação e troca de saberes e informações, como também pelo compartilhamento de conhecimentos que se dá por meio do contato direto entre as pessoas. É válido considerar que essas equipes atualmente não são constituídas somente por empregados das organizações; com frequência, são compostas também, de forma mista, por empregados, prestadores de serviços e consultores externos, os quais muitas vezes são parceiros estratégicos.

Pessoas representam o potencial individual e constituem o capital intelectual das organizações. Aprendem continuamente por meio de dados, trocas e informações. Através de seus talentos, proporcionam maior valor agregado, na medida em que são estimuladas e reconhecidas em seus respectivos ambientes de trabalho.

A *organização* tem o papel constitutivo de sistematizar informações e dados, além de fomentar um ambiente propício ao aprendizado, por meio de ações democráticas e diferenciadas, tais como o incentivo ao aprendizado coletivo, debates, oficinas, *job rotation,* comunidades virtuais ou de práticas, entre outras.

Sem dúvida, os novos componentes do modelo de aprendizagem transformaram a vida das organizações, mas essa proposta, em muitas corporações no mundo, incluindo o Brasil, não foi amadurecida o suficiente para que efetivamente se consolidasse com os cuidados necessários que esse tipo de mudança exige de fato.

Em razão dos vícios existentes, por influência das escolas clássicas de administração e de um mercado que impõe tomadas de ações em curtíssimo prazo, em muitos espaços corporativos emergiu uma atitude desastrosa de abdicar de alguns estágios indispensáveis para o processo de mudança do modelo de aprendizagem. Como ação estratégica e acreditando no avanço dos seus níveis de competitividade, algumas organizações transformaram seus espaços de treinamento em uma nova estrutura de aprendizagem — a universidade corporativa –, muitas vezes ignorando os princípios fundamentais que consolidam a educação corporativa.

Educação corporativa

Os grandes fenômenos responsáveis por todas essas mudanças já foram aqui apontados, mas o que alterou definitivamente a maneira de pensar, agir e exigir das pessoas, a partir da segunda metade do século XX, foram os valores intangíveis presentes na sociedade, que romperam com toda a lógica até então existente de produção e bens de consumo.

Para atender à nova lógica, não basta somente a elaboração de estratégias que requeiram mudanças tecnológicas, mas ações que causem impacto nos processos de qualificação dos empregados e revertam em desempenhos eficazes e com valores diferenciados.

Com todas essas alterações do pensamento estratégico, a área de capacitação e desenvolvimento ganha um novo enfoque e passa a ser um campo estratégico, por meio da aprendizagem. As organizações identificam a educação como um processo essencial, tanto de complementação do ensino formal quanto de disseminação de princípios, conhecimentos e desenvolvimento das competências necessárias ao conjunto da organização e à vida profissional.

Os modelos de educação corporativa (EC) emergiram com novos preceitos, diante da necessidade de direcionamento nas ações de desenvolvimento das pessoas e organizações.

A busca para transformar empregados em cidadãos corporativos (Meister, 1999), por meio da informação sobre a estrutura contextual inerente a cada negócio e da ampliação de competências, reforça a tese de que não há outro caminho senão o investimento no processo educativo, para a ratificação dos objetivos estratégicos das organizações. Assim, encaramos a EC como um processo que sistematiza, agiliza, cria e propicia condições de efetivação das diretrizes e desenvolvimento do negócio.

Desse modo, o processo educacional ocorre com maior frequência no ambiente organizacional, seja explícita ou implicitamente no próprio exercício do trabalho, conforme os modelos de aprendizagem definidos pela área de desenvolvimento.

As descobertas e revoluções ocorridas nestes últimos 50 anos no mundo modificaram o pensamento e o comportamento da sociedade e, consequentemente, alteraram o padrão e a estrutura do trabalho, incluindo no universo do homem corporativo outro conjunto de valores, que complementam sua bagagem profissional: o conhecimento.

Do paradigma industrial ao paradigma do conhecimento

Vivemos um período de transição entre a sociedade industrial e a sociedade da informação e do conhecimento, ainda com resquícios de velhos processos de produção e de organização do trabalho. Há um longo caminho a ser percorrido e muitas trilhas a serem construídas, mas, para não perdermos o foco, compreender e perceber o que se modificou já facilita nossa caminhada pelos ambientes corporativos. Então, vejamos no quadro 2 a evolução de perspectivas dentro dos paradigmas citados.

Quadro 2

Comparação de paradigmas

Paradigma industrial	Paradigma do conhecimento
Previsibilidade/estabilidade	Imprevisibilidade/instabilidade
Mão-de-obra especializada	Empreendedor e multifuncional
Capital financeiro	Capital intelectual
Estrutura tradicional	Estrutura virtual e flexível
Manutenção do *status quo*	Flexibilidade e adaptabilidade a novas posições

O paradigma do conhecimento é complexo em virtude dos valores intangíveis, porém emergem a compreensão e a assimilação de outros valores, tais como a mudança de atitudes, mentalidade e comportamentos. Tal se dá no sentido mais abrangente possível, a ponto de serem incorporados ao *modus vivendi* das pessoas e às práticas corporativas.

Um exemplo típico dessa mudança que transcendeu a vida organizacional ocorreu nas décadas de 1980 a 1990 no Brasil, quando o conceito de *qualidade* foi incorporado à cultura brasileira por meio de diversos dispositivos normativos, como, por exemplo, o Código de Defesa do Consumidor e, para as organizações, o Prêmio Nacional da Qualidade (PNQ).

Tal modelo provocou transformação de estilos e aditou valores à cultura social e às organizações, além de estimular os consumidores ao exercício de análise crítica dos produtos e serviços disponíveis no mercado. Os profissionais e clientes tornaram-se mais exigentes.

Identificar as interfaces e a complementaridade entre as diversas áreas do conhecimento é algo que exige um exercício de quebra de modelo e ampliação de foco e visão. Esse é o grande desafio: entender os novos cenários, obter uma visão global, aprender a aprender e, por fim, substituir "modelos mentais" (Senge, 1990:201). Modelos mencionados anteriormente, que nos ampararam durante muito tempo, hoje são grandes ameaças aos negócios e, principalmente, a nós mesmos, como cidadãos e partícipes da contemporaneidade.

Certamente, as ações corporativas pretendidas por meio da aprendizagem contínua possibilitam melhores resultados e o aperfeiçoamento de todos os envolvidos. A gestão dessas estratégias depende da concretização dos propósitos da organização por meio do processo de desenvolvimento de pessoas.

Desenvolvimento de pessoas

O processo de desenvolvimento das pessoas inclui o treinamento e vai além; compreende o autodesenvolvimento, processo este que é intrínseco a cada indivíduo. Ele contempla o desenvolvimento da pessoa como um todo, reporta-nos às várias formas de aprendizagem e, consequentemente, não se restringe ao ambiente da sala de aula, mas a diferentes espaços e mídias que estão ao alcance de todos.

Entendemos por desenvolvimento uma linha de crescimento que contempla diversos estágios em que um não retroage ao outro. Uma vez realizado um aprendizado, o indivíduo está preparado para outros desafios, nos quais pode utilizar-se de novos aprendizados que sejam ou não complementares aos propostos anteriormente. É um processo contínuo de crescimento, estruturado em etapas que se superpõem com vistas ao crescimento do indivíduo e dos grupos.

O desenvolvimento de pessoas engloba experiência, vivência, percepção e, principalmente, a capacidade pessoal de cada um. Trata-se de um processo globalizante, considerando todos os estímulos e conhecimentos absorvidos ao longo de sua trajetória de vida.

Os ganhos pessoais ampliam a visão de mundo, o autoconhecimento, os processos cognitivos, emocionais, a percepção, o preparo para novos desafios e o desenvolvimento de competências.

Obviamente, quanto mais as pessoas estiverem voltadas para algo de que gostam e para o qual têm aptidões, mais rápido e vantajoso será seu processo de desenvolvimento e desempenho profissional. Por isso é tão importante que as pessoas estejam em lugares em conformidade com seus perfis, interesses e sonhos.

As organizações devem procurar atrelar o desenvolvimento pessoal ao organizacional. Afinal, não somente as pessoas se desenvolvem, mas também as organizações por meio delas. Seus valores e conceitos são absorvidos ao longo da existência, pela renovação e quebra de modelos.

Segundo Davel e Vergara (2001:31),

> pessoas não fazem somente parte da vida produtiva das organizações. Elas constituem o princípio essencial de sua dinâmica, conferem vitalidade às atividades e processos, inovam, criam, recriam contextos e situações que podem levar a organização a

posicionar-se de maneira competitiva, cooperativa e diferenciada com clientes, outras organizações e no ambiente de negócios em geral.

Assim, as organizações têm de ousar e apontar para direções inéditas, tornando-se necessária uma intervenção na esfera do conhecimento, que proporcione concomitantemente aos profissionais e gestores o entendimento e o desenvolvimento global e sistêmico.

Para Silva (incluído em Davel e Vergara, 2001), são três os repertórios de ideal de pessoa no contexto das organizações:

- como um ser múltiplo, multidimensional e polivalente, capaz de articular diferenças, unir múltiplas dimensões e congregar inúmeros valores;
- como um ser integrado, criativo e intuitivo;
- como um ser flexível, aprendiz e inovador.

Por muito tempo, as empresas solicitaram dos profissionais ações de caráter operacional sem qualquer comprometimento com os objetivos maiores da organização. Sua participação distanciava-se bastante das decisões estratégicas. Até certo ponto, esse foi um lugar confortável, assumido.

As organizações evidenciam-se como organismos vivos (humanos) que exigem mudanças em suas estruturas e sistemas. A área de gestão de pessoas assume a tarefa de gerir conflitos e dilemas (Davel e Vergara, 2001), além de buscar soluções que minimizem as contradições presentes neste período de transição de modelos institucionais. Também é imprescindível a busca constante da manutenção de sua empregabilidade, sob pena do seu organismo vivo se tornar sucata e não garantir o seu diferencial competitivo.

Se acreditarmos que as pessoas são essenciais ao sucesso das organizações contemporâneas e que a ação dos gestores na implementação e na facilitação de mudanças organizacionais é de fundamental importância (Davel e Vergara, 2001), poderemos identificar duas alterações no perfil desses profissionais: a apresentação de resultados e gestores cada vez mais estratégicos. Com essa perspectiva de participação estratégica, os gestores de pessoas influenciam a qualidade das decisões e o sucesso socioeconômico das organizações.

A partir do referido enfoque, incumbe aos gestores a tarefa de redesenhar as estratégias e ações que envolvam os processos de gestão de pessoas, especificamente o processo de aprendizagem. Nesse sentido, é mister a construção de uma ponte entre os objetivos pessoais e organizacionais, considerando a identificação e o desenvolvimento de competências.

Desenvolvimento de competências

Muitas mudanças ocorreram no âmbito da capacitação organizacional. O foco de treinamento foi transferido para o desenvolvimento de competências (Carbone et al., 2005).

O modelo de gestão por competências começa a ganhar espaço dentro das organizações, principalmente nas áreas de gestão de pessoas, entre elas a subárea de desenvolvimento.

É um modelo bastante interessante, pois confere a possibilidade da visualização do desenvolvimento, da aplicação e da mensuração das competências por meio da realização de atividades e resolução de problemas embasados em fatos. Logo, esse modelo possui condições de autolegitimação.

Um dos conflitos presentes nas organizações que adotaram esse modelo de gestão se traduz na dificuldade de identificar as competências indispensáveis aos propósitos estratégicos requeridos. Como efeito dominó, esse fato também provoca crises na área de desenvolvimento.

Constata-se, certamente, que houve uma significativa evolução do modelo de gestão de pessoas nos últimos anos. Elaborar, implementar e avaliar o modelo passou a ser tarefa permanente do gestor de pessoas. Consideram-se, ainda, como competências essenciais para o exercício de sua função, as atribuições de *coach* e agente de mudança.

Esses requisitos revelam que o modelo de gestão por competências traz em seu bojo recursos estratégicos mais sistematizados de verificação do desenvolvimento e performance dos indivíduos, transformando-se em um moderno conceito de mensuração do desempenho humano e de referencial, com base nas competências mapeadas.

A diversidade de teorias e modelos lançados no mercado desperta um desejo imensurável de transformação nas organizações. Muitas vezes algumas teorias são absorvidas, mas não encontram ambientes propícios para implementação.

Atualmente, em face desses contemporâneos referenciais de aprendizagem, as organizações vivenciam um amplo dilema: qual o melhor modelo de capacitação e desenvolvimento e que melhor se ajuste efetivamente à realidade de cada uma delas?

Teorias e modelos em não conformidade

Teorias e modelos organizacionais diferenciados, quando mal aplicados, podem transformar-se em uma armadilha, modismo ou mesmo em um risco para as organizações, principalmente quando a cultura instalada for contrária às premissas básicas dos modelos a serem implementados. Isso significa que a organização ainda não está preparada para absorvê-los, mas o faz por falta de visão total do ambiente organizacional ou por achar que encontrou a fórmula mágica para os seus problemas.

Qualquer modelo ou teoria exige algumas condições e requisitos para a sua aplicação. Caso contrário, podemos lidar com situações de alto grau de frustração ou mesmo de ceticismo em relação a um modelo que poderia ter sido bom. Entretanto, se implantado gradativamente, com o devido cuidado e atenção à realidade organizacional em questão, certamente não estaremos replicando teorias e modelos, e sim construindo um modelo adequado ao nosso contexto, em seus diversos estágios de evolução.

Os profissionais que lideram a área de capacitação e desenvolvimento devem trazer uma visão sistêmica de curto, médio e longo prazos, e ser analíticos e críticos, para facilitar a identificação do melhor modelo a ser adotado.

Considerando os comentários explicitados neste capítulo em torno de teorias e modelos sobre gestão de pessoas, organizações que aprendem, gestão do conhecimento, gestão por competências e outros temas, as organizações precisam pensar sobre os alicerces dessas novas práticas. Para isso, a cultura efetivamente deverá ser bem-trabalhada, com a renovação de alguns valores e crenças, os quais propiciarão espaço favorável às novas práticas. Caso contrário, cair-se-á no discurso comum, incoerente com as ações implementadas.

Mudanças culturais são difíceis de serem produzidas no interior das organizações e nas pessoas, sujeitos portadores de histórias e experiências particulares e indivisíveis. No caso específico, de capacitação e desenvolvimento, para a promoção de mudanças nos valores e crenças da organização, não há como fugir ao confronto de modelos como, por exemplo, treinamento de empregados para o conceito de aprendizagem contínua e autodesenvolvimento. Ou seja, os treinamentos para qualificação específica devem ser substituídos por programas permanentes de aperfeiçoamento, independentemente de questões pontuais demandadas pela organização, como, por exemplo, um novo sistema de gestão integrada, que requer do empregado a sua capacitação. Obviamente, esse tipo de treinamento deve ocorrer, mas não se configura suficiente para as exigências atuais.

Não é raro encontrarmos, em algumas culturas, um número significativo de profissionais que julgam a organização responsável pelo seu desenvolvimento. Essa é uma crença ultrapassada. Com vistas a superá-la, a área de gestão de pessoas deve empenhar-se na quebra desse modelo mental. Para tanto, deve considerar em suas ações a sensibilização das pessoas quanto à importância do autodesenvolvimento, a disseminação de novos valores e conceitos e maior consistência nos programas de aprendizagem, a fim de ratificar a máxima do autodesenvolvimento e atualização constante.

A valorização dos profissionais e do capital intelectual da organização é condição básica para a mudança do modelo. O investimento em seus potenciais trará maior amadurecimento ao seu corpo funcional, logo maior condição de assimilação dos novos valores.

Se não repensarmos os parâmetros inerentes às mudanças, certamente não estaremos preparados para a introdução de uma metodologia adequada de capacitação e desenvolvimento e, diretamente, de um novo padrão de gestão.

Em resumo, os parâmetros contemporâneos de aprendizagem são basilares para as organizações e pessoas atuarem coerentemente na sociedade do conhecimento, propiciando o desenvolvimento, a troca de ideias, a visão compartilhada e sistêmica.

Por fim, a capacitação e o desenvolvimento de pessoas, excluindo a responsabilidade particular sobre o autodesenvolvimento, que cabe a cada indivíduo, estão nas mãos dos dirigentes e gestores que realmente se sentem responsáveis e coparticipantes no processo de cidadania e de estímulo ao crescimento das pessoas.

Para concluir

Neste capítulo, vimos a evolução de vários conceitos e mudanças de valores organizacionais e culturais que afetam diretamente os processos de capacitação e desenvolvimento de pessoas. Observamos que as pessoas são essenciais para o sucesso das organizações contemporâneas. Mesmo assim, vemos que o discurso não acompanha a prática. Diante de tantas contradições, não há como retroceder. Cabe aos gestores buscar soluções mediante estratégias integradas e harmônicas que criem vantagens, por meio das pessoas e com as pessoas. A construção dessas estratégias e sua importância para o processo de capacitação e desenvolvimento serão vistas no próximo capítulo.

2

Estratégias de capacitação e desenvolvimento de pessoas

Este capítulo tem como objetivo o aprofundamento do tema estratégias de capacitação e desenvolvimento de pessoas. O leitor perceberá que a formulação das estratégias se traduz em um processo complexo que passa pela análise, filtragem e retificação das diretrizes estratégicas da organização.

A elaboração e a definição das estratégias para o desenvolvimento e capacitação de pessoas devem alicerçar-se no conhecimento da organização, na concorrência, no alinhamento às demandas do negócio e em como dar respostas positivas aos propósitos corporativos e desenvolver as competências necessárias para a sua sustentação.

A complexidade na formulação das estratégias

Falar em estratégias significa entender o contexto das organizações e suas premissas, traduzindo-as para a aplicação às pessoas, aos processos produtivos e aos clientes.

Estratégia é a saída utilizada para concretizar os objetivos daqueles que possuem a visão do que deve ser feito e é formulada sobre o que vamos fazer para construir o futuro ambicionado (Costa, 2002:39). Ela deve ser planejada com base nas diretrizes gerais, grandes linhas ou forma de atuação.

Ter a consciência da abrangência do planejamento estratégico da organização significa considerar a visão, a missão e os objetivos a serem alcançados. Com base nos fundamentos estratégicos, é possível definir o modelo de capacitação e desenvolvimento a ser implementado. Dessa maneira, gestores de pessoas terão a oportunidade de formular estratégias que sustentarão seus planos de ação por meio dos programas de capacitação e desenvolvimento de pessoas.

A ausência desse posicionamento, por parte de alguns gestores, pode provocar atitudes refratárias, levando a "rotinas organizacionais defensivas" (Martin, 2000) e, ainda, limitando o potencial de equipes e o alcance dos objetivos gerais da organização. A visão imediatista inibe a amplitude do foco estratégico, fazendo com que muitos desses gestores sofram de "miopia estratégica" (Costa, 2002:15), ou seja, enxerguem muito bem a curto prazo, sem que percebam as possíveis mudanças a médio e longo prazos.

Essa falta de visão mais ampla ocasiona um descompasso entre as orientações estratégicas e os programas de desenvolvimento de pessoas, os quais são reduzidos a ações isoladas e reativas, sem considerar as perspectivas de futuro e demandas diferenciadas no processo de capacitação do corpo funcional.

Podemos definir estratégia como a arte de aplicar diferenciadamente os recursos disponíveis na organização, com vistas à consecução de objetivos elaborados por seus dirigentes. Ela visa retificar erros, falhas ou omissões, para que não ocorram no futuro, como também definir onde, como e quando agir no cotidiano da empresa, a fim de garantir que seja realizado especificamente aquilo que se propõe alcançar.

As formas, métodos e processos para transformar o estratégico em tático requerem ênfase na clara definição dos seguintes pressupostos: como, quando, onde, por que, quanto, para que e de que forma desenvolver ações na perspectiva da obtenção de resultados.

Assim, trabalhar as estratégias para desenvolver e capacitar as pessoas transforma-se em uma atividade complexa, pois não se resume à aplicação diferenciada dos recursos, mas visa à promoção do desenvolvimento permanente de competências dos empregados e à manutenção dos processos contínuos de aprendizagem.

Conforme mencionado no capítulo anterior, os programas de capacitação e desenvolvimento das pessoas compreendem o processo de aprendizagem como basilar para o sucesso dos empreendimentos das organizações.

Durante um longo período, a área de desenvolvimento humano mapeou suas ações, de qualificação e capacitação, por meio do método de levantamento de necessidades de treinamento (LNT).

O LNT foi, para a gestão de pessoas, uma prática bastante comum na busca da identificação das necessidades de treinamento. Muitas vezes, a coleta e a análise das necessidades apresentadas por gestores foram tratadas de forma apartada e desarticulada dos sistemas que compõem a estrutura corporativa. Essa metodologia tornou-se ineficiente ante os atuais desafios estratégicos.

A atribuição do responsável pela área de desenvolvimento de pessoas não se caracteriza, exclusivamente, por coletar e agrupar as necessidades de treinamentos advindas das diversas áreas da organização, mas por pensar e planejar estrategicamente seus programas, com foco no negócio.

Estrategicamente, compete ao responsável pela área de gestão de pessoas assumir a posição de assessoria, consultoria e suporte para o conjunto de áreas da organização. Ele deve apoiar os gestores em suas iniciativas, ações e decisões, que estejam relacionadas com o desenvolvimento humano alinhado ao desenvolvimento organizacional.

Algumas empresas e suas áreas de desenvolvimento de pessoas empregam o LNT como uma das suas principais ferramentas para a elaboração de programas de aprendizagem. Contudo, dentro dos limites já mencionados, o LNT somente é efetivo para a minimização de deficiências identificadas que necessitam de ação imediata e pontual para execução de tarefas.

O LNT a ser realizado pelos gestores em suas áreas tem como objetivos:

- atender às demandas urgentes ou graves;
- apoiar o plano de desenvolvimento individual de cada empregado;
- melhorar os processos de trabalho de áreas e da organização.

Entretanto, com a evolução do pensamento estratégico, para o gerenciamento de mudanças, no âmbito tecnológico, estrutural, cultural, político e incluindo a área de gestão de pessoas, o LNT não é mais suficiente para as atuais exigências, tal como para o desenvolvimento de competências essenciais para a organização e educação corporativa.

Com a mudança de foco na identificação das necessidades estratégicas de capacitação e desenvolvimento, o LNT deixa de ser utilizado pela área de gestão de pessoas e passa a ser uma atribuição dos responsáveis pelas diferentes áreas da organização, porém com os cuidados necessários, a fim de não perder de vista as macrodiretrizes.

Cabe também aos gestores de pessoas propiciar condições para que os empregados e parceiros estratégicos desenvolvam competências para atingir metas e objetivos estabelecidos, em um contexto mais amplo, considerando as variáveis internas, mercadológicas e regionais, tornando-se coadjuvante no processo de desenvolvimento organizacional, a partir da análise e leitura do planejamento estratégico da organização, apresentado na figura 2.

Figura 2

ARTICULAÇÃO DO PLANEJAMENTO ESTRATÉGICO COM O MODELO DE GESTÃO DE PESSOAS

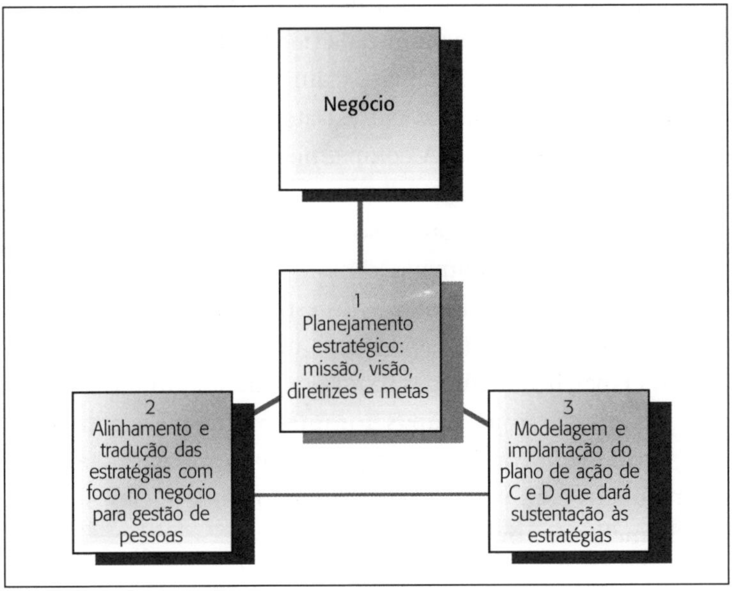

A figura 2 ratifica nosso posicionamento com relação à abrangência, atribuições e requisitos que são de responsabilidade da área de gestão de pessoas, incluindo as ações de capacitação e desenvolvimento. Todas as ações explicitadas na figura 2 devem ser reveladas e alinhadas às diretrizes estratégicas e aos seus desdobramentos, conforme veremos a seguir, a partir do processo de formulação das estratégias de capacitação e desenvolvimento.

Formulação das estratégias de capacitação e desenvolvimento

As estratégias são ações para o futuro e não condicionadas diretamente ao cotidiano da empresa. Costa (2002:54) analisa em detalhes essa questão e adverte que "a diferença clássica entre o planejamento estratégico e a gestão estratégica está exatamente na capacidade de fazer com que o cotidiano da empresa realize especificamente as ações estratégicas escolhidas".

Essa maturidade, conquistada por muitas empresas, exige que suas estruturas e sistemas sejam redesenhados, para não comprometer a formulação das estratégias e a alavancagem de competências essenciais. A compatibilização dos novos valores organizacionais influencia todo o sistema de gestão, incluindo o de pessoas, e altera o processo de formulação das estratégias de desenvolvimento humano.

O processo de formulação das estratégias de capacitação e desenvolvimento passa a apresentar uma estrutura diferenciada, em etapas bem-definidas, como mostra a figura 3.

Observe que as etapas foram compostas a partir de uma visão evolutiva do processo, no qual cada etapa se torna pré-requisito para a próxima, proporcionando ciclos sucessivos de melhoria contínua.

Figura 3

ETAPAS DO PROCESSO DE FORMULAÇÃO DAS ESTRATÉGIAS DE CAPACITAÇÃO E DESENVOLVIMENTO

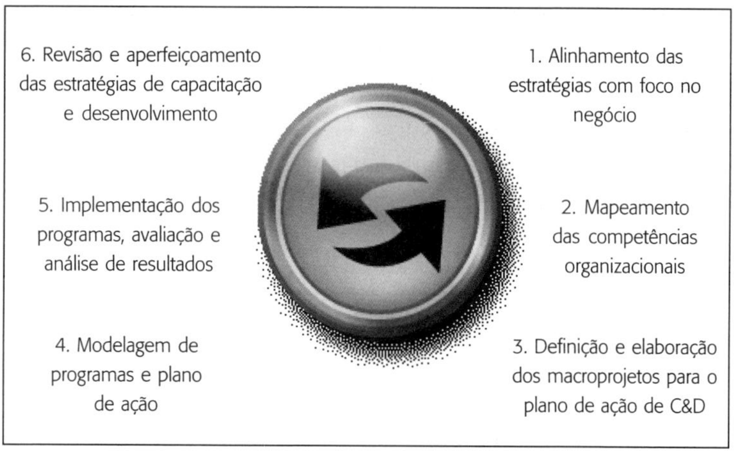

Alinhamento das estratégias com foco no negócio

Todo planejamento estratégico precisa apresentar metas, desafios e objetivos a serem atendidos ao longo de um determinado período. Porém, para que isso aconteça, é indispensável a observância do estágio em que o negócio se encontra, a fim de que não se transforme em uma utopia estratégica e, ao mesmo tempo, desestimulante para os seus integrantes.

A estratégia deve ser um norte desafiador e não um delírio megalomaníaco. A maior prova disso é que, se tivermos a oportunidade de conhecer ou ler os planejamentos estratégicos de empresas que faliram ou entraram em concordata, verificaremos que nenhuma delas havia realizado essa previsão. Ao contrário, sustentavam-se somente na perspectiva de grandes resultados, desvinculados da sua própria realidade.

Assim, a gestão eficaz de capacitação e desenvolvimento de pessoas depende, intrinsecamente, das estratégias planejadas dentro de um horizonte de tempo e alinhadas, para acolher plenamente o propósito, o contexto, o ambiente e a capacidade competitiva, além de considerar os interesses dos acionistas, clientes internos e externos, fornecedores e parceiros estratégicos. Carneiro (1999:167) acredita que:

> Essa percepção está coerente com a visão holística, em contraposição à visão funcional, reducionista e departamentalizada da organização. Essa visão antiga e obsoleta levava às estruturas organizacionais rígidas, pesadas, de pouca flexibilidade, absolutamente incapazes de responder às necessidades de rápida adaptação à mudança que os dias de hoje exigem.

Para atender ao pensamento de Carneiro, torna-se essencial a contribuição do sistema de gestão de pessoas, considerando as áreas de captação, retenção, gestão de desempenho, remuneração, benefícios e capacitação e desenvolvimento, na promoção de práticas de vanguarda, flexíveis e desafiantes ao quadro de empregados, prestadores de serviços e parceiros essenciais ao negócio.

O desafio da gestão de capacitação e desenvolvimento consiste em alinhar-se às estratégias do negócio, a fim de mapear, desenvolver e ajustar competências, com vistas à maximização de resultados. Seu lema de trabalho deve ser em torno do aproveitamento estratégico dos ativos intelectuais da empresa, por meio de ideias criativas e inovadoras.

A área de capacitação e desenvolvimento que opta por uma estratégia, ou por uma linha de desenvolvimento, sabe claramente precisar o que contribui, ou não, para o negócio. Logo, ela assegura empregar recursos, pessoas e informações de forma consistente.

Quando pensamos em aprendizagem nas organizações, ressaltamos que a definição do plano de capacitação e desenvolvimento deve garantir sustentação às diretrizes estratégicas embasadas no desenvolvimento de competências. Dutra (2002:127) comenta:

> Ao trabalharmos com as competências organizacionais, cabe a analogia efetuada por Prahalad e Hamel (1990), que comparam as competências às raízes de uma árvore, as quais oferecem à organização alimento, sustentação e estabilidade. Essas competências impulsionam as organizações e o seu uso constante estimula seu fortalecimento à medida que aprendemos novas formas para o seu uso, ou uso mais adequado (Fleury e Fleury:1995).

O comentário em destaque nos reporta à exigência de um conjunto básico de qualificações ou competências necessárias ao desempenho organizacional, distribuídas nas diferentes áreas da organização.

Mapeamento das competências organizacionais

Ao conjunto básico mencionado de qualificações ou competências necessárias ao desempenho organizacional aplica-se diretamente o mapeamento. Portando, o mapeamento de competências organizacionais, básicas e essenciais, é vital para a capacitação e desenvolvimento de pessoas de forma estratégica. Ele ocorre após pleno conhecimento do negócio e de seu respectivo planejamento estratégico. As competências organizacionais, normalmente, consistem em um número reduzido, porém adequado e necessário ao crescimento da organização.

Como passo subsequente, devemos mapear as competências funcionais, aquelas que são atreladas ao cargo e, por último, as competências individuais.

Para minimizar os hiatos relativos às dimensões das demandas da organização e do desempenho das pessoas, sugere-se a Matriz Swot, a qual visa identificar forças, fraquezas, ameaças e oportunidades. Essa ferramenta é bastante utilizada na gestão estratégica competitiva, facilitando o mapeamento dos ambientes interno e externo, para melhor visualização e definição de competências e estratégias a serem adotadas pela área de capacitação e desenvolvimento.

O uso dessa metodologia implica o levantamento de uma série de características presentes na organização, comparando-as com os cenários externos, que devem refletir-se no alinhamento estratégico dos programas de capacitação e desenvolvimento, além de prevenir escolhas impróprias aos objetivos organizacionais. O quadro 3 pode ser utilizado para análise comparativa dos cenários internos e externos. Os campos 1, 2, 3 e 4 são referências para o levantamento de dados dentro de cada realidade.

Quadro 3

Matriz Swot

	Oportunidades	Ameaças
Forças	1. Capacidade de ação ofensiva	2. Capacidade defensiva
Fraquezas	3. Debilidades	4. Vulnerabilidade

Fonte: adaptado de Lobato et al (2004:69).

O alinhamento das ações obedece a critérios de importância que, cruzados com a análise do cenário externo, facilitam a decisão das estratégias e o desenvolvimento do plano de ação para o aprimoramento da organização. Ressaltamos que essa tarefa é incumbência das lideranças e da alta direção, numa atitude de profunda reflexão, engajamento e parceria.

Somente após todos os diálogos e consenso do grupo sobre as competências organizacionais e funcionais, a área de gestão de pessoas poderá considerar-se apta para a definição e elaboração dos macroprojetos e do plano de ação de C&D, por meio de metas e objetivos que oferecerão condições ao desenvolvimento do que foi previamente estabelecido, de acordo com o que apresentaremos no próximo tópico.

Definição e elaboração dos macroprojetos e do plano de ação de C&D

Quando definidas as competências organizacionais, torna-se indispensável uma análise, voltada para a organização como um todo, quanto à demanda de capacitação para todo o corpo funcional. Os macroprojetos de C&D são elaborados com o objetivo de propiciar uma visão clara do seu alinhamento com as diretrizes estratégicas e as competências a serem desenvolvidas, além de identificar o público-alvo a ser trabalhado e definir os indicadores de resultados para as ações a serem alcançadas.

Com a aquiescência da diretoria, esses projetos farão parte do plano de ação a ser desenvolvido e implementado pela área de C&D. A modelagem dos programas que são inerentes aos projetos vem a seguir, com vistas à efetividade do processo de capacitação.

Modelagem de programas: objetivos e plano de ação

Como conduzir a elaboração de princípios, de tal forma que atendam aos princípios da andragogia e às demandas do negócio?

A primeira parte da resposta volta-se para algumas organizações que baseiam suas iniciativas de construção de programas de desenvolvimento e capacitação em parâmetros formais e arcaicos, muitas vezes obsoletos, em que sua grande eficiência está amparada na aquisição de tecnologias e técnicas.

Esses grupos mais tradicionais insistem em enfatizar a transmissão do conhecimento como ações de melhoria de caráter individualista, muitas vezes transformando as áreas em feudos e com níveis de competitividade interna que pouco favorecem um ambiente estável e equilibrado. Eles resistem às mudanças conceituais de aprendizagem e educação corporativa, que hoje apontam para uma visão coletiva, ou seja, voltada para desempenho de equipes e de caráter integrador, na qual a essência do sucesso está na articulação do humano com a técnica, as tecnologias, e na integração dos setores.

Essa análise crítica não objetiva fazer juízo de valor de profissionais e empresas; pelo contrário, visa a alertá-los sobre as armadilhas colocadas ao longo da nossa educação e socialização. Existe uma afirmativa anônima, pertinente a esta reflexão e conhecida por alguns profissionais envolvidos com a tarefa de redesenhar tanto as estruturas quanto os sistemas de gestão nas organizações, que diz: "somos competentes individualmente, mas incompetentes coletivamente".

Essa percepção reflete claramente o caráter individualista da educação em nossa sociedade, que se expressa em vários contextos socioculturais. Ela enfatiza o êxito e sucesso pelo esforço e desempenho individual. A inovação que enfatizamos transforma-se num grande desafio para as mudanças que são exigidas.

A segunda parte da resposta está nessa transformação da postura, visão e iniciativa de dirigentes e gestores. Compreende a incorporação de novos valores para a busca de soluções que valorizem e destaquem os esforços de todos, em todos os níveis da organização e investimento no sistema de gestão de pessoas.

A mudança na dinâmica de aprendizagem corporativa vem sendo amplamente debatida, pois se trata de um grande desafio: revogar o uso de tecnologias de educação individualistas e absorver o empenho na educação e desenvolvimento de competências por meio de parâmetros grupais.

Programas de aprendizagem visando aos processos de desenvolvimento de competências e desempenho profissional adquirem uma nova dimensão, que inclui o favorecimento da flexibilidade e a adaptabilidade das pessoas às mudanças organizacionais e ambientais (Davel e Vergara, 2001).

Devemos pensar que esse processo de incorporação de um conjunto de valores estranhos aos modelos mais tradicionalistas é uma tarefa árdua. Várias são as abordagens teóricas que contribuem para a análise e procura de caminhos personalizados para a gestão de pessoas. Há a necessidade de relacionar o sistema e suas funções, as políticas e resultados organizacionais, ao mesmo tempo que as ações estratégicas representem respostas ao desempenho e à satisfação das pessoas (Davel e Vergara, 2001), individual ou coletivamente.

Entretanto, é válido ressaltar que as práticas inovadoras são mais facilmente absorvidas em novas empresas do que em empresas já estabelecidas, com modelos arraigados a crenças e costumes. Para que tal mudança de foco se efetive, os líderes precisam estar preparados e atentos, pois compreender e harmonizar os elementos que compõem o modelo estratégico das empresas — como, por exemplo, estrutura, sistemas, processos, essência humana (individual e coletiva), tecnologia e competências — gera efeito nos resultados, mas não garante perfeição, nem sucesso permanente.

O que podemos adicionar a essa visão de articular todas as variáveis tangíveis e não tangíveis e obter bons resultados é que o pleno desempenho das organizações compreende o nível motivacional das pessoas. Esse fator depende diretamente da elaboração de estratégias de educação, que promovam a integração e transformações substanciais nas pessoas, em suas habilidades individuais e na identificação das competências essenciais para a organização.

Muitas empresas avançaram no uso dessa concepção, como fonte de vantagem competitiva, concebendo suas organizações como uma série de competências, e não mais como uma carteira de diferentes negócios (Hamel e Prahalad, 1995), incluindo competências de parceiros, fornecedores e consumidores.

A eficácia na aplicação dessas modernas concepções de estrutura e estratégias de negócio permite que as organizações ofereçam, a seus clientes internos e parceiros, o investimento na educação, com favorecimento à aquiescência e maior flexibilidade às mudanças.

Promover o equilíbrio entre tecnologias e o humano é o caminho para que empresas sejam bem-sucedidas e respeitadas no mercado. O aproveitamento de competências exigirá a reforma do sistema de gestão de pessoas, não somente da estrutura organizacional. É essencial gerar estratégias capazes de reconfigurar diretrizes, de forma transparente e compartilhada por todos, e que congreguem esforços e foco na execução e maior flexibilidade para novas oportunidades.

Senge (1990:189) faz menção a um momento do filme *Spartacus*, protagonizado por Kirk Douglas, que exemplifica com sensibilidade o significado da interligação entre os níveis hierárquicos da organização e a elaboração de seus objetivos:

> Os escravos, depois de derrotarem as legiões romanas por duas vezes, após um longo cerco e uma árdua batalha, foram finalmente dominados pelo general Marcus Crassus. No filme, Crassus diz aos sobreviventes do exército de Spartacus: "Vocês eram escravos e voltarão a ser escravos. Entretanto, serão poupados da crucificação por clemência das legiões romanas. Basta apenas me entregarem o escravo Spartacus, pois não sabemos quem ele é." Após uma longa pausa, Spartacus levanta-se e diz: "Eu sou Spartacus." Então, o homem que está a seu lado também se levanta e diz: "Eu sou Spartacus." Outro homem levanta-se e faz o mesmo e, no transcorrer de um minuto, o exército escravo todo está de pé. Apócrifa ou não, essa história mostra uma profunda verdade. Pondo-se de pé, todos os homens optaram pela morte. Mas a lealdade do exército de Spartacus não era a Spartacus e sim, ao objetivo que ele inspirara e que era compartilhado por todos — a idéia de que podiam ser livres.

Essa passagem do filme retrata o compartilhamento de um objetivo comum e ratifica que as demandas e limites pessoais e particularidades de cada área da corporação não devem estar acima dos objetivos gerais, pois estes proporcionam o foco para todos.

A definição dos objetivos e metas de desenvolvimento e capacitação auxiliará o processo de desenvolvimento organizacional, pois estará concentrando energia e criando uma identidade comum entre pessoas totalmente diferentes, como aponta Senge (1990).

Pensar nas pessoas como alvo da atenção da empresa significa incluí-las como fator diferencial no processo de desenvolvimento organizacional. Essa postura impõe o reconhecimento dos métodos de aprender e partilhar conhecimento como uma das competências essenciais para as organizações.

As pessoas envolvidas na execução de suas funções precisam sentir-se seguras, mesmo que produtos, serviços e negócios possam mudar. Como tal, necessitam de amparo, suporte emocional, que podem ser compreendidos como um conjunto sólido de valores organizacionais. Dessa forma, a empresa promove um nível de estabilidade ideal para seus colaboradores, ao mesmo tempo que produz modificações, traduzidas em objetivos e metas claras e reais.

Objetivos e metas de desenvolvimento de pessoas que não estão associados às diretrizes estratégicas são prejudiciais às organizações. Segundo Costa (2002:199),

> estratégias sem objetivos e metas a elas associadas não têm como serem verificadas. Assim, tornam-se apenas declarações de intenção. (...) São inócuas. Na verdade, são até nocivas, pois levam a organização a desviar recursos e atenção para sua realização. (...) Alvos considerados inatingíveis, na opinião da maioria, desanimam (...) não sendo efetivos para energizar e motivar as pessoas.

É nossa obrigação vincular os objetivos específicos de capacitação e desenvolvimento às competências requeridas e inseridas no corpo do planejamento estratégico da organização. Isso acrescenta outra habilidade às empresas contemporâneas, como assinala Carvalho (1999:139): "precisamos criar nas organizações uma cultura na qual o aprender seja resgatado", onde essa prática se estenda e seja responsabilidade de todos.

Com base nessa concepção, cremos que o processo de aprendizagem exigido nos dias de hoje se torna mais complexo, pois inclui e impõe a articulação dos fatores tecnológicos, cognitivos e humanos. Isso nos leva a afirmar que a elaboração dos programas de capacitação e desenvolvimento é processada a partir da identificação e compatibilização das competências organizacionais e humanas. "Dessa forma, as competências humanas já não seriam derivadas das trajetórias de sucesso de pessoas dentro da empresa, mas dos objetivos estratégicos e das competências organizacionais", afirma Dutra (2002:132).

Por ser um processo voltado para o negócio, a finalidade da aprendizagem corporativa deixa de ser de domínio restrito e transita por todos os níveis da organização. Ela serve para induzir esforços, que são identificados e definidos segundo seus dirigentes e que serão analisados e avaliados por meio de diversos instrumentos, por exemplo, a avaliação de desempenho de pessoas e resultados alcançados.

Segundo Lobato e colaboradores (2004:125), a definição dos objetivos pode ser feita:

> De cima para baixo (*top-down*), ou seja, pela alta administração, assumindo os demais colaboradores uma atitude passiva; e de baixo para cima (*bottom-up*), quando os colaboradores têm participação mais ativa. Na gestão estratégica competitiva atua-se nos dois fluxos simultaneamente, buscando comprometimento e senso de propriedade (*ownership*) por parte de todos.

Esse pensamento inibe cada vez mais um modelo obsoleto de definição de objetivos, que, de tempo em tempo, solicita às gerências e respectivas áreas uma atitude imediatista de adequação de procedimentos.

Essa mudança de postura dos dirigentes reflete o amadurecimento corporativo, sendo o sinal de que as diferentes áreas e seus objetivos específicos podem ser visualizados e compreendidos como um sistema integrado.

Os objetivos da área de capacitação e desenvolvimento podem ser qualificados segundo a natureza, tempo e critério.

Quanto à *natureza*, podemos identificá-los com maior facilidade pelo nível de prioridade dos programas de aprendizagem, por meio da ferramenta GUT, composta pelas variáveis: gravidade, urgência e tendência. Utilizada por Kepner e Tregoe (citados por Oliveira, 1992) para definição dos objetivos estratégicos da organização, ela serve ao propósito particular de demarcação dos objetivos específicos de aprendizagem dos programas de capacitação e desenvolvimento de pessoas a serem elaborados.

Para correta utilização dessa ferramenta, é importante definir a abrangência de cada variável, apresentada no quadro 4 .

Quadro 4

Definição das variáveis

- **Gravidade** – tudo aquilo que afeta profundamente o resultado da organização. A sua avaliação decorre do nível de dano ou prejuízo que pode ser gerado, caso não se alcance o objetivo.
- **Urgência** – o resultado da pressão do tempo que o sistema sofre. A sua avaliação decorre do tempo de que se dispõe para pôr em prática uma ação visando atingir o objetivo considerado.
- **Tendência** – o padrão de desenvolvimento da situação. A sua avaliação está relacionada ao estado que a situação apresentará, caso a organização não possa alocar esforços e recursos para alcançar o objetivo almejado.

Fonte: adaptado de Oliveira (1992).

Cada variável que integra essa ferramenta é composta por perguntas-chave, com uma escala de pontuação que varia de 1 a 5, expressas nos quadros 5, 6 e 7.

Quadro 5

GRAVIDADE — PERGUNTAS-CHAVE

Caso não se alcance o objetivo	Escala
O dano é extremamente importante?	5
O dano é muito importante?	4
O dano é importante?	3
O dano é relativamente importante?	2
O dano é pouco importante?	1

Fonte: Oliveira (1992).

Quadro 6

URGÊNCIA — PERGUNTAS-CHAVE

Caso não se alcance o objetivo	Escala
É necessária uma ação bastante urgente?	5
É necessária uma ação uma ação urgente?	4
É necessária uma ação relativamente urgente?	3
Pode-se aguardar?	2
Não há pressa?	1

Fonte: Oliveira (1992).

Quadro 7

TENDÊNCIA — PERGUNTAS-CHAVE

Caso não se alcance o objetivo	Escala
Se não fizer nada, a situação vai piorar muito?	5
Se não fizer nada, a situação vai piorar?	4
Se não fizer nada, a situação vai permanecer?	3
Se não fizer nada, a situação vai melhorar?	2
Se não fizer nada, a situação vai melhorar muito?	1

Fonte: Oliveira (1992).

A seguir, no quadro 8, por meio de exemplo, mostramos a aplicabilidade dessa ferramenta, analisando os objetivos a seguir relacionados.

1. Desenvolver competências interpessoais, incluindo desenvolvimento de equipes e lideranças.
2. Ampliar o compartilhamento das informações sobre o negócio da organização.
3. Desenvolver competências para novos produtos.
4. Estimular o processo de autodesenvolvimento dos empregados.

Após o preenchimento dos valores das variáveis GUT para cada objetivo, multiplicam-se estes valores para a obtenção do grau de prioridade (π), como mostra o quadro 8.

Quadro 8

ANÁLISE DAS VARIÁVEIS GUT

Objetivo	Gravidade	Urgência	Tendência	π
1	4	5	4	80
2	2	3	4	24
3	4	5	5	100
4	2	2	5	20

Fonte: adaptado de Oliveira (1992).

Preliminarmente, numa análise comparativa por grau de prioridade, conclui-se que o objetivo 3, neste exemplo, é prioritário em relação aos outros. Essa ferramenta também poderá ser utilizada com a finalidade de definir se o programa de aprendizagem será estruturado como treinamento, oficina de trabalho, *workshop*, dramatização, autoinstrução, *coaching*, ou por meio de outras metodologias.

Outro fator importante que compõe o processo de elaboração dos objetivos específicos é o *tempo* disponível e viável para o seu alcance. Cumpre identificar quais são os objetivos de curto, médio e longo prazos, norteando-se pelas competências organizacionais a serem desenvolvidas.

Os *critérios* podem ser expressos por parâmetros qualitativos e quantitativos. Os resultados qualitativos são mais complexos, muitas vezes difíceis de mensurar — por exemplo, aumentar a motivação dos profissionais da área de vendas.

Inicialmente, devemos admitir que o conceito de motivação possui elementos de caráter não tangível — por exemplo: diferenças de estilos de personalidade, emoção, sentimentos, necessidades e desejos. Para que o objetivo exemplificado seja alcançado, necessita-se da identificação do nível de motivação apresentado e de outras variáveis, como competências existentes e análise dos interesses e deficiências (informação, conhecimento e comportamento) individuais e grupais. Percebe-se que a investigação deve ser aprofundada para que haja subsídios para tomadas de decisão.

Para a análise quantitativa, deve-se avaliar o custo *versus* benefícios da realização dos programas, quanto a viabilidade, tempo, investimento e possíveis resultados.

Após o estabelecimento do conjunto de objetivos para a área de capacitação e desenvolvimento, este pode ser estruturado num plano de ação. Essa é a etapa de *como fazer*, que faculta a definição da série de projetos e programas a serem implementados.

O plano de ação compreende vários fatores: tecnologia disponível, recursos em geral, modelo educacional e infraestrutura.

Podemos assegurar a elaboração e eficácia de um plano de ação estruturando-o por meio de ferramentas desenvolvidas por pesquisadores, entre elas o instrumento 5W2H, apresentado no quadro 9.

Cada objetivo específico pode ser detalhado por meio dessa ferramenta. Esse procedimento exige que a implementação dos programas reflita a coerência, a sintonia e o atendimento às diretrizes organizacionais.

Quadro 9

5W2H

1. *What*	❑ O que fazer?	❑ Objetivo
2. *Why*	❑ Por que fazer?	❑ Justificativa
3. *How*	❑ Como fazer?	❑ Caráter das ações: formais e não formais, e modelo de avaliação
4. *Who*	❑ Quem responde?	❑ Identificação dos responsáveis
5. *When*	❑ Quando fazer?	❑ Estabelecimento de prazos
6. *Where*	❑ Onde fazer?	❑ Definição de local
7. *How much*	❑ Quanto custa fazer?	❑ Valor de investimento: recursos diversos

Após a conclusão dessa etapa de modelagem de programas, os responsáveis pelo plano de ação devem executar a terceira etapa do processo de formulação das estratégias de capacitação e desenvolvimento, que consiste na implementação dos programas, avaliação e análise de resultados, como veremos a seguir.

Implementação dos programas, avaliação e análise de resultados

A execução do plano de ação está intimamente ligada ao cumprimento do cronograma dos programas de capacitação e desenvolvimento e à aplicação das avaliações das programações e eventos.

Existem diferentes entendimentos sobre o conceito de avaliação, que variam desde a dimensão medida até a avaliação de valores intangíveis, como, por exemplo, a mudança de atitude.

A avaliação da aprendizagem e educação corporativas abrange vários atributos a serem mensurados: compreensão dos objetivos dos programas implementados, retenção do conhecimento, aceitabilidade dos conteúdos, mudança ou transformação de comportamento e ação diferenciada. A comparação dos resultados anteriores com o desempenho identificado após programações realizadas fornece indicadores do atendimento aos objetivos propostos nos âmbitos individual e organizacional.

Dutra (2002) enfatiza a importância da escolha do modelo de avaliação das ações de desenvolvimento, quando temos como foco os investimentos efetuados pela empresa e experimentados pelas pessoas, com vistas aos resultados.

Numerosas são as ferramentas de avaliação criadas ao longo das décadas. Podemos citá-las pelo critério de evolução do próprio conceito, que se vincula aos modelos de estrutura organizacional e a seus sistemas de gestão, no nosso caso específico o de gestão de pessoas. O processo de avaliação é, sem dúvida, um instrumento importante para o aperfeiçoamento contínuo dos programas de capacitação e desenvolvimento.

Com ênfase no conceito de competências em programas de desenvolvimento de pessoas, a escolha do modelo de avaliação exige a presença de alguns critérios ou requisitos. Existem inúmeras discussões conceituais sobre como identificar competências essenciais, diferenciadas e específicas.

A avaliação é um componente integrante do plano de ação e muitas vezes difícil de ser elaborado, pois depende do estabelecimento de padrões, indicadores, mensuração, análise de expectativas e acompanhamento de desempenho e resultados; além disso, não se podem excluir os procedimentos e as condições de implementação dos programas.

O quadro 10 exemplifica um estilo de classificação de competências. A finalidade é que sirva de referência quando houver a necessidade de decidir sobre o modelo de avaliação a ser escolhido.

Trata-se de um instrumento de grande valia para o aprimoramento das estratégias de capacitação e desenvolvimento de pessoas, no intuito de enfatizar as competências selecionadas e incluir novas competências na realidade organizacional.

Quadro 10

EXEMPLO DE COMPETÊNCIAS ESSENCIAIS NO DESENVOLVIMENTO DE PESSOAS

Área de competência	Conteúdo
❑ Cognitiva	Comunicação, pensamento lógico, linguagem.
❑ Resolução de problemas	Observação, análise, identificação dos componentes do problema, pensamento criativo, elaboração de projetos e adaptação ao contexto.
❑ Autoaprendizagem e autoconhecimento	Informação, motivação para aprendizagem, preocupação com o próprio desenvolvimento, conhecimento das próprias capacidades, transferência de conhecimento de um contexto para outro.
Área de competência	**Conteúdo**
❑ Social	Trabalho em equipe, capacidade de negociação, mediação e interação. Autoconfiança, busca e sustentação de redes de contato social.
❑ Motivação para o trabalho	Iniciativa, responsabilidade com suas tarefas, compromisso e interesse pelas atividades desempenhadas.

Fonte: adaptado de Zuñiga (2004).

No quadro 11, encontram-se alguns padrões de avaliação de aprendizagem, muitos deles pouco empregados e outros em destaque para gestores atentos às questões internas e provenientes do mercado.

Quadro 11

MODELOS DE AVALIAÇÃO DE APRENDIZAGEM

❑ Autoavaliação	❑ Avaliação de processos
❑ Avaliação de reação e satisfação	❑ ROI (*return on investment*)
❑ Avaliação por competências	
❑ Avaliação de resultados	

Não podemos excluir nenhum desses modelos, embora alguns não sejam aplicáveis a todas as organizações, visto que a mensuração efetiva de alguns resultados depende da subjetividade, dos avanços organizacionais, tecnologias disponíveis, recursos, legitimidade dos objetivos, infraestrutura e indicadores seguros.

Segundo Moscovici (2001:11), as avaliações podem ser de caráter objetivo ou subjetivo:

> Nós percebemos, pensamos, sentimos, decidimos, agimos e avaliamos as situações em função do conjunto total dessas variáveis, dispostas como um caleidoscópio: a cada situação, os mesmos componentes formam desenhos variados e belos para quem quer ver e consegue captar a beleza do humano.

A mutabilidade do desempenho humano está diretamente relacionada às variáveis subjetivas (emoção, motivação, intuição, criatividade, moral, demandas pessoais e interesses), o que leva a haver oscilações nos índices dos resultados.

Para sua efetividade, os modelos de avaliação sugeridos devem ser realizados por meio de um processo de *feedback* construtivo ancorado em indicadores de caráter cognitivo e emocional. São eficazes quando aplicados em um ambiente de transparência, ética e valorização do ser humano. Os responsáveis pelo *feedback* devem estar preparados para respeitar o estado emocional vivido pelo indivíduo, considerando as diferenças e vulnerabilidades humanas, além de saber escolher o local e o momento adequado para sua realização.

Cada modelo de avaliação apresenta uma relação de indicadores e critérios específicos, como veremos a seguir.

Autoavaliação

Esse tipo de avaliação pode ser aplicado a cada movimento de aprendizagem, seja no final de um programa ou de uma etapa de trabalho. Também é possível realizá-la no decorrer da execução de uma atividade.

É muito comum avaliarmos tudo à nossa volta e dedicarmos pouco tempo à maior e melhor avaliação: a nossa. Em algumas organizações, há uma atitude de crítica e avaliação do outro, e não de autocrítica do próprio desempenho profissional.

Se as organizações trabalham na perspectiva da autoaprendizagem, do autodesenvolvimento e do autogerenciamento da carreira, torna-se incongruente não praticarem a autoavaliação.

O indivíduo precisa identificar suas lacunas, aprender a se autoanalisar, comparar suas contribuições e examinar seus resultados em relação ao que é esperado. Por meio da autoavaliação, o profissional deve reconhecer seu aproveitamento, ou mesmo identificar seu real interesse, ou não, por aquela aprendizagem. O crescimento é oriundo da conscientização daquilo a que se aspira e se realiza.

A autoavaliação nas organizações é condição *sine qua non* para garantir a autonomia e a corresponsabilidade nos processos de desenvolvimento contínuo, além do autossignificado das programações para as pessoas.

Se houvesse um processo de conscientização por parte das pessoas quanto às suas necessidades de desenvolvimento e ao compromisso com a organização, não se requereriam outras avaliações senão como parâmetros de desempenho e premiação.

A autoavaliação possui uma dimensão diagnóstica e requer das pessoas compreensão, maturidade e ética, além de credibilidade desse processo na organização.

Avaliação de reação e satisfação

Encontramos com facilidade esse modelo de avaliação ao término da realização de eventos e programações em geral. Sua abrangência e importância para o aprimoramento dos programas podem ser limitadas e superficiais, por ele ser reducionista e identificar somente a percepção sintomática do evento realizado. Relacionamos alguns indicadores dessa ferramenta: natureza, profundidade e aplicabilidade do conteúdo, distribuição do volume de informações, metodologia adotada, atuação do facilitador, recursos, duração e resposta de aceitação e satisfação imediata. Ao ser definida como uma ferramenta para avaliação de programas ou eventos, quando de sua elaboração ela deve ser ponderada com algumas variáveis, como, por exemplo: motivação, interesse, nível de conhecimento preexistente, contexto sociocultural e expectativas dos participantes.

Avaliação por competências

Esse modelo enfoca os seguintes requisitos a serem avaliados: cognição, habilidade e atitude vertidas por meio da aquisição de novos conhecimentos, aplicabilidade efetiva nas tarefas a serem desenvolvidas e na mudança de comportamentos dos participantes.

O modelo envolve um conjunto de evidências que facilitam a demonstração da aquisição de competências por parte dos profissionais, individualmente. Para sua efetivação, é indispensável o prévio mapeamento e conhecimento das competências a serem avaliadas, além da definição dos indicadores do domínio para cada competência mapeada. Tais procedimentos tornam-se essenciais à certificação de competências.

O foco desse tipo de avaliação não converge para o conhecimento acumulado pelo indivíduo ao longo de sua trajetória profissional. Entretanto, este conhecimento pode impactar diretamente o desenvolvimento de novas competências.

Comumente, algumas técnicas são mais utilizadas para sua verificação, como, por exemplo, provas de habilidades e observação de desempenho por meio da resolução de problemas, exercícios de simulação e realização de tarefas ou de um projeto.

Cabe ressaltar que a avaliação por competências não deve ser aplicada logo após o processo de capacitação, pois é necessário um tempo para as fases de experimentação, avaliação de resultados, uso e incorporação da competência.

Avaliação de resultados

Esse modelo tem um caráter de avaliação global, visando diagnosticar os resultados dos programas, projetos, sistemas e processos adotados pela organização. Tem como premissa o levantamento de informações, problemas e considerações, com vistas à melhoria da qualidade, à superação das lacunas na corporação e, principalmente, ao fornecimento de diretrizes para as próximas ações.

Para sua realização, obtêm-se comparativamente os resultados apurados em um determinado período e, *a posteriori*, os resultados de outro período subsequente, sempre após programas e ações realizados dentro de um horizonte preestabelecido. Dessa forma, são verificados o atendimento dos objetivos previstos e a adequação dos recursos alocados. Algumas organizações desenvolvem processos de aferição e de revisão por meio de sistemática padronizada de coleta e registro de informações.

Conta-se também com indicadores de desempenho que podem ser de natureza qualitativa e quantitativa, normalmente analisados pelo índice de melhoria nos processos, crescimento e rentabilidade em face das metas estabelecidas pela organização.

As avaliações de resultados sempre apresentam um alto grau de eficiência quando as estratégias de capacitação e desenvolvimento se vinculam às atividades geradoras de receita.

Avaliação de processos

Esse modelo acompanha a avaliação de procedimentos, processos em andamento ou efetivados e análise das rotinas e requerimentos exigidos. Busca, sobretudo, métodos de melhoria da qualidade de processos produtivos. Seus indicadores e critérios de análise procuram responder a parâmetros racionais e valores tangíveis.

A avaliação de processos é, geralmente, aplicada após treinamento dos empregados, nos programas de qualidade total e de certificação.

ROI (return on investment)

Esse modelo de avaliação de retorno sobre investimento, criado por Phillips, em 1992, e adquirido por Covey, em 1999, tornou-se referência mundial para mensuração e avaliação (Palmeira, 2004). O ROI pode ser identificado por duas vertentes, apresentadas por Palmeira (2004:11): ROI como avaliação que resulta da "relação entre lucro gerado e montante do investimento realizado", ou ROI direcionado para a área de capacitação e desenvolvimento, como o "quociente da divisão dos benefícios líquidos auferidos do programa de treinamento pelos custos totais do programa, multiplicado por 100".

Logo, no contexto de desenvolvimento nas organizações, consideramos que parte das metodologias de capacitação utilizadas, tais como oficinas, *job rotation*, *workshops* internos, melhores e piores práticas, entre outras, não possui investimentos diretos, o que inviabiliza a sua aplicação.

Subentende-se que essa ferramenta é direcionada para programas formais, como MBA, cursos de especialização e técnicos, e não responde à avaliação de outros programas de aprendizagem e, consequentemente, do desempenho dos profissionais.

Revisão e aperfeiçoamento das estratégias de capacitação e desenvolvimento

Os benefícios pelo uso adequado das avaliações e análise dos programas executados são inúmeros, principalmente na revisão dos seus objetivos específicos, em função da intensidade de aplicação dos conteúdos, para que estejam permanentemente compatíveis com as estratégias organizacionais.

Todo esse processo de formulação das estratégias de desenvolvimento de pessoas, como mencionado, elimina práticas comuns desenvolvidas em muitas empresas, como, por exemplo, a feitura de programas que em nada agregam valor ao negócio, além de só encontrarem total desinteresse dos integrantes da organização. Os cuidados que apontamos neste capítulo são capazes de transformar a atitude de dirigentes e gestores na promoção de um maior amadurecimento do sistema de gestão de pessoas e do desenvolvimento organizacional.

As organizações são formadas por pessoas que, independentemente de seus produtos e serviços, precisam de estruturas mais flexíveis, adaptáveis às exigências externas e internas. Para tanto, não basta apostar em novas tecnologias; é preciso valorizar o investimento nas pessoas e na ampliação de suas competências, o que impõe aos responsáveis, diretos e indiretos, atitudes permanentes de melhoria e aperfeiçoamento das estratégias, processos e sistemas.

Avaliando criticamente o modelo de formulação das estratégias, veremos que a diferença existente entre empresas de sucesso e outras se baseia na visão de negócio, na flexibilidade e na competência em lidar com mudanças pautadas em valores sólidos, que garantam estabilidade emocional interna ao seu principal ativo: as pessoas.

Para concluir

Este capítulo objetivou explorar como a elaboração das estratégias, gerais e específicas, envolve um número significativo de fatores, que vão além de um conjunto de procedimentos, recursos e tecnologias, exigindo, do responsável pela organização, disponibilidade, visão e capacidade de gerir mudanças.

Partindo da admissão de que a definição das estratégias para desenvolver pessoas é um forte elemento como diferencial competitivo para a organização, a força dessa competitividade está em não perder de vista a concepção de que a inovação e o sucesso, em qualquer segmento de mercado, dependerão do reconhecimento e valorização do ser humano, na sua complexidade e no seu potencial ilimitado.

No capítulo 3 abordaremos o tema programas, metodologias e tecnologia da educação, no qual apresentaremos os principais programas para a gestão de pessoas, metodologias a serem aplicadas e a tecnologia como forma de facilitar a aprendizagem e ampliar o leque de opções para sua realidade organizacional.

3

Programas, metodologias e tecnologias da educação

O ritmo em que os indivíduos e organizações aprendem pode se tornar a única vantagem competitiva sustentável.
Arie de Geus

Este capítulo tem como objetivo apresentar alguns programas corporativos na gestão de pessoas e as principais metodologias de ensino-aprendizagem (conjunto de técnicas e procedimentos), que devem ser definidas a cada sessão de aprendizagem (disciplina, curso, treinamento ou outros), a fim de favorecer a assimilação de conteúdos por meio de técnicas diferenciadas, adequadas ao público-alvo, aos recursos disponíveis e à melhor forma de transmissão de conhecimentos, gerais e específicos.

A aplicação dessas metodologias é garantida por meio da tecnologia educacional (TE) e contribui para o desenvolvimento de competências dos participantes.

As tecnologias educacionais surgiram para dar suporte e viabilizar soluções para questões educacionais por meio de pesquisas, teorias, conhecimentos científicos/tecnológicos e estudos específicos na busca do desenvolvimento e no emprego de novas tecnologias. Ou seja, é a tecnologia à disposição da educação a fim de facilitar a aprendizagem. A TE pode ser disponibilizada por meio de ferramentas e software, *palmtops*, máquinas, equipamentos de multimídia e outros.

Para a melhor aplicabilidade das tecnologias, é necessário analisar seu custo *versus* benefício e definir qual tecnologia, como, quando e onde utilizá-la de modo mais vantajoso para as práticas educativas e realidades organizacionais. Dessa forma, no momento em que conhecemos os conteúdos necessários, as metodologias e respectivas tecnologias educacionais possíveis de serem aplicadas, certamente estaremos a um passo da estruturação dos projetos e programas de educação corporativa.

Quando nos referimos a projetos e programas educacionais, estamos nos reportando a um conjunto de intenções e descrição detalhada de todas as suas etapas, critérios e condições necessárias para sua execução.

O projeto de C&D consiste em uma abordagem macro, que será apresentada à direção da organização. Seu objetivo é sensibilizar e dar visibilidade ao conjunto de ações que serão realizadas para o alcance das metas estratégicas. Assim, ele consiste em: definição do alinhamento estratégico, atrelado a metas ou diretrizes; justificativa; descrição geral do projeto, competências a serem desenvolvidas, resultados esperados/indicadores; público-alvo; estratégia de implementação/cronograma e investimento.

Os programas de capacitação são compostos por justificativa, objetivos gerais e específicos, público-alvo, requisitos, competências a serem desenvolvidas, metodologias, duração, cronograma, recurso interno ou externo (se realizado por multiplicadores internos ou externos) e equipamentos. Tais programas devem conter descrição por tópicos do conteúdo a ser desenvolvido, de forma modular ou não. Apresentaremos, a seguir, alguns programas comumente utilizados em organizações e que, ao longo do tempo, se tornaram essenciais para a atração de talentos, desenvolvimento e aquisição dos conhecimentos inerentes à organização.

Programas corporativos

Programa de ambientação/integração

Os programas de ambientação ou integração são aqueles destinados a recepcionar e integrar os novos empregados, com vistas à sua inserção no contexto organizacional. Para a educação corporativa, esses programas são denominados cidadania corporativa, porque neles são repassados a missão, visão, valores, história, cultura, estrutura organizacional e outras informações de caráter essencial para a corporação e para o novo empregado.

Cada organização opta pela metodologia que mais se ajusta ao processo de integração dos seus empregados. Algumas elaboram um código de ética e um manual que podem conter seus princípios, conforme citado anteriormente, e informações tais como: benefícios, direitos e deveres, normas, noções de segurança no trabalho, além da mensagem de boas-vindas, geralmente assinada pelo maior responsável pela organização. Entretanto, existem diversos métodos, diferenciados, para a realização dessa integração, utilizados isoladamente ou de forma mista, como, por exemplo:

- por meio de CD;
- por meio de jogos interativos;
- apresentação ou entrega de filme institucional;
- de forma presencial para grupos de novos empregados;
- visita às unidades e áreas.

O programa de integração traz grandes benefícios para a corporação, como o alinhamento estratégico, o sentimento de valorização por parte do novo empregado e a redução do tempo para conhecimento da cultura e dos valores, além de ser grande aliado da gestão estratégica e aplicável a prestadores de serviços e a parceiros estratégicos, ou seja, a outros interessados.

Programa de estágio e trainee

De acordo com a natureza e as estratégias da corporação, os programas *trainee* e de estágio podem ser realizados concomitantemente. A organização pode, ainda, optar por apenas um deles, ou transformar ambos em um único programa — geralmente o que prevalece é o programa de estágio. Esta última opção tem sido bastante comum, em virtude de estratégias diferenciadas para a captação e o desenvolvimento de futuros empregados. Os dois programas visam identificar jovens talentos; entretanto, diferem em termos de custos, tanto na captação e desenvolvimento quanto na manutenção dos jovens profissionais.

Para a racionalização e o incremento do programa de estágio, este frequentemente tem passado por um processo de reformulação, com vistas a um maior investimento em capacitação e desenvolvimento, com programas especiais (treinamentos, participação em projetos, *workshops*, entre outros).

Para os estagiários, a grande perspectiva ao final do programa é a sua efetivação e, para a organização, há um grande benefício em sua contratação, pois o investimento é mínimo comparado ao programa *trainee*, além de propiciar o conhecimento e a assimilação da cultura da organização ao longo do período de estágio. Geralmente, quando o estagiário atinge o desempenho esperado, ele é contratado ao final do programa.

A fim de garantir o sucesso do programa, o processo de seleção se torna mais rigoroso, tal qual nos programas *trainees*, com divulgação, provas, testes psicológicos, ou seja, transforma-se quase em um concurso.

Outra vantagem para a adoção da união do programa de estágio ao programa *trainee* é que as expectativas do estagiário são gradativas, enquanto as do *trainee* são de assumir posições de média e alta gerência, para as quais, por vezes, ele não apresenta o amadurecimento e a experiência suficientes. Isso sem considerar a cultura, na qual pode gerar-se uma rejeição entre seus integrantes, por não disporem das mesmas oportunidades oferecidas aos jovens talentos.

Após o término do programa, os *trainees* são bastante cobiçados pelo mercado de trabalho, o que pode levar à perda do investimento feito em cada um deles, enquanto os estagiários seguem sua trajetória profissional de forma natural.

As principais características que distinguem os dois programas são relacionadas a seguir.

O programa *trainee* aplica-se a jovens que tenham concluído a graduação ou pós-graduação, com no máximo dois anos de formados. Esses jovens são contratados de acordo com a Consolidação das Leis do Trabalho (CLT), com direito a salário e a todos os benefícios existentes.

O programa visa captar e desenvolver jovens com alto potencial e dispõe de uma programação estruturada, com cronograma de treinamentos, palestras, eventos, visitas técnicas, fóruns e outros. Em algumas organizações, é similar a um programa de pós-graduação voltado para o próprio negócio, além de contemplar um acompanhamento contínuo de desempenho, a partir da inserção do *trainee* no programa. Esse acompanhamento é realizado pela área de gestão de pessoas e por tutores/*coaches*, profissionais experientes, qualificados e comprometidos com o programa, a fim de garantir o máximo aproveitamento das competências dos *trainees* nos desafios internos e externos das organizações.

Trata-se de uma oportunidade para jovens talentos, com disposição para a aprendizagem, na qual associam a teoria à prática no permanente desenvolvimento de competências, voltados para a construção de uma sólida carreira profissional e a ambição de crescimento. As organizações investem na formação do *trainee*, visando à sua capacidade futura para ocupação de cargos de liderança e de destaque. Esse programa permite a visão global da corporação, o conhecimento de todas as áreas, a participação em projetos vitais no dia a dia, a troca de informações e a integração à cultura organizacional.

Já o programa de estágio consiste na atração de jovens universitários e de nível médio que tenham vontade de ingressar no mercado de trabalho e capacidade para uma possível contratação futura. A Portaria nº 1.002, de 29 de junho de 1967, do Ministério do Trabalho criou a categoria estagiário nas empresas, e a Lei Federal nº 6.494, de 7 de dezembro de 1977, regulamentada pelo Decreto nº 87.497, de 18 de agosto de 1982, estabelece que as empresas podem aceitar, como estagiários, alunos regularmente matriculados e que venham frequentando, efetivamente, cursos vinculados à estrutura de ensino público e particular, nos níveis superior e médio profissionalizante.

Legalmente, o estágio é considerado o conjunto de atividades de aprendizagem social, profissional e cultural, e um complemento da relação ensino-aprendizagem.

É aplicado exclusivamente a estudantes e prevê sua atuação em termo de compromisso de estágio, com as condições de realização do estágio e jornada diária, celebrado entre o estudante, ou seu responsável, e a parte concedente (organização). Sua renovação pode ser semestral ou anual. Muitas alterações foram feitas desde a regulamentação da Lei Federal, em 1967. De fato, essas alterações vêem ajustar o que na realidade já está ocorrendo de maneira oficiosa em muitas empresas.

A última lei de estágio que temos como referência é a Lei nº 11.788, de 25 de setembro de 2008, que orienta estudantes, instituições de ensino públicos e particulares e empresas a respeito das inovações trazidas pela Lei do Estágio, instituída para proporcionar a milhares de jovens estudantes brasileiros os instrumentos que facilitem sua passagem do ambiente escolar para o mundo do trabalho.

O processo seletivo dos estagiários é, geralmente, realizado por intermédio de consultoria ou assessoria técnica especializada, em virtude da quantidade de candidatos, a fim de propiciar às organizações maior assertividade nas decisões relativas à contratação.

Na realização e implementação do programa de estágio, é essencial a observação de seus princípios quanto a funcionamento, acompanhamento (supervisão) e oportunidades de atuação e participação dos estagiários em atividades que efetivamente garantam o aprendizado e a experiência na sua área de interesse. Isso é imprescindível porque algumas organizações utilizam o estagiário como mão-de-obra barata e extremamente operacional. O potencial dos estagiários deve ser aproveitado de forma contributiva. Devem ser também respeitadas e garantidas as condições para que possam aplicar seus conhecimentos e vivenciar situações reais e específicas, transformando-as em desafios para o seu autodesenvolvimento.

Quando os objetivos e metas são claros, previamente definidos e cumpridos, o programa de estágio gera benefícios bilaterais. As características que distinguem os programas de estágio e *trainee* são apresentadas no quadro 12.

Quadro 12

DIFERENÇAS SIGNIFICATIVAS ENTRE OS PROGRAMAS DE ESTÁGIO E *TRAINEE*

Estágio	*Trainee*
Forma de contratação: sem vínculo empregatício	Forma de contratação: com vínculo empregatício
Menor grau de autonomia	Maior grau de autonomia
Perfil universitário	Perfil profissional Conclusão do curso de graduação
Possibilidade de ocupar cargo de nível superior	Possibilidade real de ocupar, após o programa, uma posição estratégica na corporação
Pouco ou nenhum investimento em treinamento	Investimento intenso em treinamento

Programa Jovem Aprendiz

Os investimentos cada vez maiores no desenvolvimento de inovações tecnológicas devido à alta competitividade do mercado têm acirrado a disputa por vagas nas organizações, obrigando os candidatos a se qualificarem cada vez mais.

Nesse cenário competitivo, a possibilidade de inserção do jovem no mercado de trabalho, principalmente do jovem de baixa renda e de países como o Brasil, fica cada vez mais distante, devido a fatores sociais, econômicos e políticos. Por outro lado, as organizações também buscam soluções mais efetivas — no que tange à admissão de novos profissionais mais qualificados — que minimizem problemas futuros como rotatividade, ausência de qualidade na execução de suas atribuições, perda de segmento de mercado pela falta de qualidade dos produtos e serviços, entre outros.

Diante desse panorama e conjugado com políticas sociais advindas do novo modelo de governo instaurado no Brasil nos últimos anos, abriu-se a possibilidade de criação de parcerias entre governo, sociedade e organizações, com a criação de programas de inclusão social e digital, entre eles o Programa Jovem Aprendiz.

A Lei nº 10.097, de 19 de dezembro de 2000 (*DOU* de 20 de dezembro de 2000) altera dispositivos da Consolidação das Leis do Trabalho (CLT), aprovada pelo Decreto-Lei nº 5.452, de 1º de maio de 1943. Entre os artigos modificados estão aqueles que regulamentam a Lei do Jovem Aprendiz. Com a edição do Decreto nº 5.598/2005, fica ampliada de 18 para 24 anos a idade-limite do jovem aprendiz e regulamentada a sua contratação pelas empresas.

Tanto para a sociedade quanto para as empresas, essa lei possibilita o desenvolvimento de profissionais mais qualificados e alinhados com a cultura corporativa. O investimento nesse tipo de programa é significativamente interessante para todos, e cabe à área de gestão de pessoas integrá-lo aos outros programas de capacitação e desenvolvimento.

Os benefícios que se pode obter desse programa são inúmeros, mas nos deparamos com a resistência de muitas organizações em implementá-lo, vendo-o como mais uma obrigação, exclusivamente. A visão estratégica de alguns gestores muitas vezes passa por um grave problema de miopia, como já comentamos. Sendo assim, deparamo-nos com ações tipicamente burocráticas na execução desse programa. Muitas vezes ele não é incorporado à área de gestão de pessoas ou RH, mas à área administrativa, e visto como mais um "trabalho". Cabe à área de gestão de pessoas ter os cuidados e atenção mais apurada para o programa, pois ele futuramente será um facilitador para outras intervenções na área de C&D.

Programa de multiplicadores internos

O programa de multiplicadores internos é composto por empregados que tenham interesse em desempenhar essa função, compartilhando suas experiências e conhecimentos em encontros, geralmente pré-agendados, seja por meio de palestra, *benchmarking*, seminário, *workshop*, curso ou outros.

O programa estimula o senso de contribuição dos participantes e tem por premissa a valorização do conhecimento e das experiências individuais, com vistas ao seu aproveitamento para o desenvolvimento coletivo. Apresenta como benefícios a disseminação de informações, o reconhecimento dos talentos internos, a redução dos investimentos em capacitação de pessoas, o estímulo constante ao desenvolvimento de competências e a integração do público interno. Considera que parte do conhecimento a ser multiplicado muitas vezes não se encontra disponível no mercado, por se tratar de especificidades inerentes à organização e ao negócio. Pode ser realizado de modo estruturado, semiestruturado ou informal, nas duas óticas a seguir, isoladamente ou de forma mista:

- mediante simples identificação e aproveitamento do conhecimento preexistente por parte do empregado, para disseminação interna;
- mediante oferecimento de oportunidade, a alguns empregados, de participarem de eventos externos, tais como congressos, seminários e outros, com o objetivo de, posteriormente, multiplicarem o conhecimento, tornando-o disponível aos demais integrantes da organização, de forma direta (presencial) ou indireta (a distância).

A área de gestão de pessoas divulga o programa, identifica e analisa criteriosamente os empregados que se dispõem a participar como multiplicadores, com base no conhecimento preexistente, na experiência do candidato, na tangibilidade e relevância do conteúdo a ser disseminado e, por fim, capacita-os para o exercício dessa função.

Os multiplicadores internos devem adaptar a sua linguagem e os conteúdos, bem como indicar materiais de apoio (textos, filmes, livros, vídeos, tecnologias e outros), a fim de propiciar maior compreensão do conteúdo e a aplicabilidade no contexto vivenciado pelos participantes.

Ao final de cada encontro, deve ser realizada uma avaliação para a validação do programa implementado e verificação do desempenho do multiplicador interno. A figura 4 apresenta um exemplo de modelo para inscrição dos candidatos a multiplicadores internos.

Figura 4

MODELO PARA INSCRIÇÃO DE CANDIDATO A MULTIPLICADOR INTERNO

PROGRAMA DE MULTIPLICADOR INTERNO

Empregado: ____________________

Cargo: ____________________

Grau de instrução: ____________

Curso: ____________________

Unidade/área: ____________________

Categoria de contribuição:

( ) Cursos

( ) *Benchmarking*

( ) *Workshop*

( ) Fórum, seminário, estudo de caso

( ) Jogos

Outros____________________

Experiências como multiplicador ou docente:

( ) Sim ( ) Não

Em caso afirmativo, local:____________________

Justificativa da apresentação:

____

____

Conteúdo:

____

____

Empregado	Gerente da unidade/área	Gerente de pessoas

Algumas organizações desenvolvem e oferecem estímulos aos empregados que se propõem a participar como multiplicadores internos, enquanto outras consideram a atividade um processo de troca e aprendizagem contínua.

Os programas de ambientação, estágio, *trainee*, jovem aprendiz e, por último, de multiplicadores internos são exemplos dos benefícios que os programas corporativos podem oferecer às organizações, além de propiciar a autonomia intelectual e o estímulo à capacidade criativa dos envolvidos. Essa autonomia favorece a adoção de níveis mais elevados de consciência, numa constante rotina de aprendizagem, independentemente do grau de instrução, como, por exemplo, o programa de uso da informática para operários de "chão de fábrica".

Cabe às corporações identificar os programas que melhor atendam ao processo de desenvolvimento e aprendizagem do seu público interno e aos seus propósitos. Ressalte-se que, atualmente, há uma ênfase no uso do construtivismo, como referência para o aproveitamento e desenvolvimento do potencial humano nas organizações.

Metodologias de aprendizagem e o construtivismo

A adoção de uma cultura aberta à aprendizagem alerta as pessoas para o seu papel de pensadores, construtores de conhecimento e responsáveis pela criatividade contributiva. Nessa perspectiva, o caminho mais favorável para o seu alcance é a adoção da corrente construtivista na aplicação e na construção dos programas. Essa corrente teórica defende a ideia de que é na interação do homem com o meio físico e social que se dá a construção de novos conhecimentos embasados nas suas reais necessidades e na criatividade humana. Em paralelo, essa construção ocorre de forma compartilhada entre os demais indivíduos com o mesmo intuito, objetivo e foco de atuação.

A diferença metodológica entre o modelo tradicional e o construtivista está em identificarmos que o segundo modelo estimula uma forma de pensar na qual o aprendiz deixa de ter uma atitude passiva, para refletir, mudar, transformar e dar novo significado a objetos e fatos, considerando sua bagagem histórica, experiências e conhecimentos existentes.

O construtivismo enfatiza a dinâmica individual e coletiva de reflexão, dedução, raciocínio e demonstração, apoiada em movimentos que propiciem a troca de informações entre os integrantes de um grupo. A reconstrução do conhecimento acontece a partir dos dados do passado e das necessidades futuras e, por fim, o conhecimento se encontra permanentemente em reconstrução.

Consolidar uma cultura de aprendizagem com base no construtivismo significa a capacidade de mobilizar pessoas em torno de uma consciência de corresponsabilidade na construção coletiva, que reflete a tônica dos atuais programas.

Essa perspectiva de aprendizagem renova a necessidade de revisão das metodologias aplicadas até então, reforça aquelas em que haja uma atitude pró-ativa por parte dos envolvidos e deve ser complementada pela análise dos critérios de seleção das metodologias, examinados a seguir.

Critérios de seleção das metodologias

Estimular o desenvolvimento de pessoas não significa apenas proporcionar condições para aquisição de conhecimentos e e desenvolvimento de habilidades adequadas ao desempenho de tarefas. Significa proporcionar mudança de comportamento e capacidade para manifestar e aprimorar conhecimentos.

É necessário observar o planejamento estratégico e a cultura vigente nas organizações, para promover seu alinhamento às iniciativas no estabelecimento de processos de aprendizagem internos. Há que se verificar, entre as principais metodologias, aquelas que melhor atendam à realidade da organização, tendo em vista os seguintes itens:

- finalidade: definir com clareza os objetivos a serem atingidos;
- participantes: público-alvo;
- recursos disponíveis: observar a demanda das diversas tecnologias, que vão da mais simples, com a exigência de

apenas um quadro e *flip-chart*, até equipamento multimídia e computadores conectados em rede, entre outros;
- investimento: compatibilizar a disponibilidade orçamentária com o tipo de metodologia a ser aplicada.

Relacionamos, a seguir, alguns tipos de metodologias que podem subsidiar a decisão quanto ao melhor atendimento, em face dos critérios mencionados.

Tipos de metodologias de aprendizagem

No sentido de facilitar a compreensão do tema, buscamos classificar as principais metodologias/técnicas utilizadas atualmente nas organizações. A adoção de uma metodologia, ou a combinação de várias metodologias, na estrutura dos programas de educação corporativa deve observar as premissas estabelecidas na organização e a participação de seus integrantes.

Autoinstrução

Trata-se de um método de aprendizagem autodirigida, que permite a assimilação de informações e que deve ser orientada e estimulada pela área de gestão de pessoas. É bastante interessante no que concerne à autonomia do indivíduo de gerir seu tempo disponível para o estudo, assim como a melhor forma de se dedicar à aprendizagem, a identificação de suas necessidades educativas e a satisfação com a autorrealização. É uma conquista que requer, do indivíduo, desenvolvimento intelectual e maturidade emocional.

Outras vantagens associadas a essa metodologia estão relacionadas à amplitude de visão de mundo, ao aprimoramento técnico e à otimização de recursos.

A autoinstrução se dá por meio de leitura, pesquisa específica e investigação de temas mediante canais de comunicação e informação.

Pode ser associada a outras técnicas, como a orientação a distância, *e-learning* ou, complementarmente, com material de apoio pré-elaborado, por meio de outras mídias, tais como história em quadrinhos, livros, textos, apostilas, CDs, DVDs e outros.

Exposição

Historicamente, é a técnica mais utilizada. Os facilitadores apresentam conteúdos por meio de explanação oral, com a finalidade de transferência de conhecimentos.

Sua vantagem é permitir a transmissão de forma organizada para grande número de pessoas, em tempo coordenado. Entretanto, ela favorece a atitude passiva dos ouvintes, que, normalmente, não se sentem encorajados a questionamentos que possibilitem aprofundamento dos temas de maior interesse. Trata-se de um método tradicional e, como tal, nem sempre vislumbra a aplicabilidade imediata do conteúdo.

A aplicabilidade da técnica expositiva se dá por meio de aulas tradicionais, simpósios, painéis, treinamentos, cursos, seminários e congressos, entre outros.

Debate

Metodologia que possibilita a reflexão conjunta dos conhecimentos obtidos, mediante exposição, leitura, apresentação de casos internos e externos, desafios para o negócio ou para problemas específicos.

Sua vantagem é promover a prática do diálogo e a observação apreciativa, composta pela interação de comportamentos, geração de ideias e criatividade, que permitem a visualização de um tema sob diferentes focos. Facilita maior compreensão, clareza e, principalmente, a construção compartilhada.

Demonstração

É aplicada na apresentação de novos produtos, nos processos de trabalho e no emprego de tecnologias.

É uma técnica que exige planejamento, conhecimento dos produtos e serviços a serem apresentados, sistematização das etapas e conhecimento específico por parte do facilitador, em relação a recursos e equipamentos necessários, para direcionar a atenção dos participantes aos detalhes de maior relevância, contemplando espaços para prática e *feedback*.

Estudo de caso

Trata-se de um método de apreciação de casos organizacionais específicos, dentro ou fora da empresa. A situação pode ser apresentada verbalmente ou por escrito, podendo incluir declarações dos personagens envolvidos, demonstrativos financeiros, cópias de relatórios ou parte deles, como forma de melhor detalhamento do contexto. Os participantes, individualmente ou em grupo, são solicitados a oferecer possíveis soluções para os problemas identificados.

Essa metodologia caracteriza-se pela observação de fatos reais, por meio da constatação dos resultados obtidos e pela análise das situações enfrentadas, com vistas à não incidência nos mesmos erros ou à captação da assertividade do caso analisado.

É comum, também, a elaboração de casos fictícios ou adaptados a uma realidade, acompanhados pelo máximo de informações atinentes ao caso em si.

Analogamente ao estudo de casos, as organizações têm realizado a apresentação das melhores e piores práticas, no âmbito interno ou externo; de forma similar, são analisados os erros e acertos, com vistas à prevenção e à ratificação de práticas e tomadas de decisão.

Dramatização

Técnica que utiliza a representação de papéis para transferência de conhecimentos e habilidades por meio da representação de situações reais.

Trata-se de metodologia atraente quando se pretende desenvolver determinadas atitudes, com a vantagem de provocar reflexão quanto às necessidades de mudanças comportamentais, voltadas para a melhoria de desempenho individual e organizacional. Ela pode ter o sentido de prevenção ou de reforço, leia-se alinhamento, além de propiciar o estímulo ao lado lúdico e a qualidade de vida.

Essa técnica requer cuidadoso planejamento por parte dos responsáveis pelo evento, no sentido de coordenar adequadamente seu desenvolvimento e conclusão, para promover o enriquecimento de constatações e *insights*.

Workshop

Compreende a realização de um evento que pode ser apresentado por uma ou mais pessoas com domínio do tema a ser abordado.

Trata-se de um encontro no qual são expressas experiências, seja na teoria ou na prática. Trata-se de um curso intensivo, com o objetivo de passar o máximo de informação em um mínimo de tempo. Pode ser planejado para ser executado, no mínimo, em um dia, como também em eventos que podem durar até uma semana.

Visa à exposição de fácil entendimento e maior participação dos envolvidos e contempla um número expressivo de pessoas interessadas, com vistas ao aprendizado de novas práticas para o trabalho.

Seu planejamento requer atenção especial no mapeamento dos temas, propósitos e seleção dos facilitadores, de forma a oferecer maior aproveitamento e satisfação aos participantes.

Oficinas de trabalho

São implementadas com a participação de grupos com interesses afins, na perspectiva da construção compartilhada, que pode ser de produtos, programas, projetos, documentos e outros. Seu objetivo consiste na busca da realização de um trabalho que possa ser aplicado no dia a dia e traga resultados concretos para a demanda preexistente.

As oficinas vêm sendo difundidas em diversas organizações, com resultados satisfatórios, visto que todos os envolvidos possuem a mesma demanda, com foco na busca de soluções para questões específicas. As oficinas podem ser mediadas ou orientadas por pessoas que possuam os domínios estratégicos, técnicos ou complementares ao tema em questão.

Benchmarking

Trata-se de técnica de observação das experiências vivenciadas em outras organizações, com o propósito de aprendizagem e adaptação das práticas corporativas. Compreende um processo que deve ser sistematizado para estabelecer comparações entre as práticas de mercado e as da organização em questão.

Visa a identificação de melhores e piores práticas. Para sua realização, é necessária a escolha dos empregados envolvidos no assunto a ser pesquisado que possam mapear profissionais das empresas parceiras a serem consultadas, responsáveis pelo fornecimento das informações desejadas.

O *benchmarking* pode ser aplicado em todos os tipos de atividades, projetos, produtos e serviços pertinentes à corporação. Contempla o detalhamento de práticas e procedimentos adotados na manutenção e expansão de negócios. Contudo, demanda a compreensão de diagnóstico interno e um cuidadoso roteiro preparatório: objetivos, descrição, identificação de empresas parceiras, plano detalhado para coleta e processamento de dados, cronograma e divulgação de resultados. A investigação pode ficar comprometida por desvio de foco, caso não se respeitem tais recomendações.

Job rotation

Essa metodologia propicia aos profissionais a atuação em várias funções e áreas, em diferentes atividades, com a finalidade de estimular maior comprometimento e ampliação da visão de interdependência na obtenção de resultados organizacionais.

Essa prática propõe a retirada de profissionais de sua rotina, com o rodízio pelas áreas, no intuito de levá-los a repensar suas práticas e avaliar a qualidade de sua contribuição com relação ao alinhamento estratégico da empresa e, por fim, gerar maior conhecimento da organização como um todo.

Para a aplicação desse programa é necessária a elaboração de uma política específica, a fim de evitar conflitos durante e ao fim se sua realização.

O *job rotation* apresenta as seguintes vantagens:

- propicia a visão sistêmica do negócio da empresa;
- facilita a aprendizagem para formação profissional e desenvolvimento de novas competências por meio de conhecimentos compartilhados;

- eleva os níveis de desempenho;
- provoca maior interatividade entre os colaboradores;
- estimula o processo de sucessão e de promoção.

No sentido de garantir a eficácia do método, há que se considerar:

- mapeamento e análise das áreas e funções envolvidas;
- planejamento do cronograma, incluindo período de tempo designado para cada área;
- metas de aprendizagem;
- indicação de mentores responsáveis e empregados participantes;
- plano de desenvolvimento profissional;
- mapeamento dos resultados obtidos.

O *job rotation* consiste na técnica que favorece o maior aprendizado no trabalho e reconhece seus integrantes como copartícipes do programa, ou melhor, atores principais. Proporciona igualmente a otimização de recursos em todos os âmbitos e o reconhecimento dos empregados.

Participação em projetos

Metodologia de aprendizagem utilizada mediante a própria participação do indivíduo nos projetos. É favorecida quando o responsável pelo projeto atua como *coach* do empregado, oferecendo orientação e *feedback* em cada etapa de sua execução. Caracteriza-se como oportunidade para o desenvolvimento de competências. O empregado será devidamente assistido em todas as etapas previstas no projeto, até a avaliação dos resultados obtidos.

A participação em projetos pode configurar desafios relacionados ao campo de trabalho do empregado, por meio de situações reais ou simuladas do contexto organizacional.

A eficácia dessa metodologia implica a definição da necessidade a ser atendida no projeto, bem como as metas, a forma de acompanhamento e os indicadores de resultados. Tem como vantagem proporcionar ao empregado oportunidade de aprendizagem rápida, em função do monitoramento do desenvolvimento de suas competências e da vivência integrada com o *coach*.

Jogos

Técnica regida por enfoques epistemológicos diferenciados. Pode ser de perdas e ganhos, quando se sustentam no perfil de competição; em contrapartida, com a tendência de humanização das organizações, a ênfase atual dos jogos está no caráter de cooperação, que promove a experiência vivencial de sentimentos de solidariedade e união entre os participantes.

Muitos são os caminhos para busca de processos de aprendizagem que integrem o cognitivo ao interpessoal. Diferentes instrumentos e ferramentas têm sido utilizados para alcançar o que podemos chamar de administração das relações.

Sylvia Vergara e Eduardo Davel (2001), em um artigo intitulado "Subjetividade, sensibilidade e estratégias de ação", comentam que:

> Constatamos que os problemas da vida real são intensamente interconectados e mesmo quando a administração obtém sucesso em solucionar um problema, o problema é interminável. Dessa forma, os relacionamentos estão em constante mudança, e o processo de administração é contínuo. Nessa perspectiva, administração é uma atividade relacional envolvendo critérios e ambientes que mudam em níveis variados. E, justamente, porque a administração é uma atividade relacional, administradores têm que lidar com múltiplas realidades, papéis e identidades, e múltiplas lealdades dos indivíduos (...) o espaço organizacional torna-se uma teia ou uma rede de relações.

Independentemente das estratégias e decisões adotadas sobre o tipo de jogo a ser implementado, o seu uso oferece algumas vantagens, entre elas o aspecto lúdico na aprendizagem, expresso no método prático-vivencial e que leva à satisfação dos participantes e sua maior absorção de conteúdos, ao exercitarem habilidades e desenvolverem competências.

Nessas ocasiões, não raramente, avaliam-se questões como tomada de decisão, competitividade, sociabilidade, comunicação interpessoal, comprometimento, entre outras. Os facilitadores devem selecionar os tipos de jogos em conformidade com a estratégia organizacional adotada, respeitando sua cultura, para que sirvam de fato aos propósitos pretendidos, a fim de não se transformarem apenas em momentos de entretenimento e lazer.

Comunidades de prática

Essa modalidade consiste em grupos que se reúnem voluntariamente para partilhar experiências, ideias e melhores práticas, voltadas para a solução de problemas, com a finalidade de aprimorar competências e ampliar conhecimentos. O sucesso das reuniões é atribuído aos objetivos e interesses comuns, que estimulam o depoimento de experiências vivenciadas e o intercâmbio de ideias e informações.

As comunidades de prática trazem a conveniência da informalidade, propiciando maior fluidez de conhecimentos e integração dos participantes voluntários. A iniciativa de sua criação caracteriza uma forma inovadora de participação, favorável ao exercício da construção de cenários, por meio da visualização conjunta de novas ideias, análise de tendências, processos e soluções capazes de promover efetivo desenvolvimento na atuação individual e coletiva.

Entretanto, essas comunidades podem estabelecer vínculos com organizações, desde que ambos os lados tenham contribuições relevantes a fazer. Algumas estratégias devem ser consideradas para a implantação e sustentação desses grupos nas organizações e, consequentemente, mensurados os seus valores e propostas, além dos possíveis benefícios com a sua implementação.

Coaching

Consiste em uma metodologia que promove o acompanhamento e a orientação por meio de diálogos, com foco na pessoa, na sua aprendizagem, no desenvolvimento de competências, no seu desempenho, nos resultados a serem alcançados, no futuro e na liderança renovadora. Os objetivos do *coaching* são sempre de curto prazo e fundamentados em um processo contínuo de *feedback* em face dos resultados alcançados e daquilo que se propõe a atingir junto ao interessado.

As sessões de *coaching* distinguem-se por suscitar questionamentos no treinando, de forma a levá-lo ao encontro de soluções para suas próprias necessidades. Essa ação fortalece a sua autoestima e gera compromisso e responsabilidade quanto ao que precisa ser feito e mudado.

Algumas organizações implementam a metodologia de forma estruturada, com modelos específicos para o acompanhamento do processo de evolução ou dificuldades do treinando, enquanto outras estimulam os gestores a realizá-la mesmo informalmente. O *coaching* deve acontecer em uma relação de parceria, com vistas à melhoria do desempenho do treinando. Pode ser exercido por executivos, por consultores organizacionais internos e externos e também por qualquer membro da equipe que disponha das seguintes características: confiabilidade, persistência, tolerância, transparência, empatia nas relações e vontade de estimular o autodesenvolvimento das pessoas, com foco em resultados.

O papel do *coach* configura-se por sua atuação efetiva em auxiliar os treinandos a identificar suas lacunas e aspectos que interferem diretamente no seu desempenho profissional. Entretanto, seu desafio vai além de identificar fatores críticos de sucesso para o treinando, consistindo principalmente em despertar sua consciência para suas necessidades de aprimoramento e desenvolvimento de competências técnicas e comportamentais. Assim, torna-se imprescindível que o próprio treinando elabore um plano de desenvolvimento individual, que contenha metas e etapas a serem superadas para o alcance de maiores resultados no seu desempenho e na organização. A aplicação do *coaching* favorece o autodesenvolvimento das pessoas e torna-se uma grande ferramenta para avaliação de desempenho.

O *coaching* pode ser aplicado em todos os níveis da organização, porém devem ser observados alguns aspectos fundamentais para sua implementação, entre eles a cultura instalada e se os valores e crenças são favoráveis, ou não, ao seu desenvolvimento. Se o modelo de gestão for autocrático ou paternalista, certamente a organização ainda não comporta a prática da liderança renovadora e, consequentemente, precisa rever algumas premissas e práticas, a fim de identificar estímulos diferenciados e coerentes com a prática do *coaching*. Outro aspecto a ser considerado é a identificação de *coaches* com perfis adequados e qualificados para atuar nessa nova metodologia, com o objetivo de que ela seja um exemplo de geração de resultados por meio do incentivo e da crença no potencial humano.

Na realidade, o *coaching* gera um aprendizado de mão dupla, ambos crescem no processo — *coach* e *coachee* —, e deve ser realizado por todos os gestores no dia a dia, mas nem todos estão preparados para desenvolvê-lo e poucos conhecem os seus benefícios.

Ensino a distância (e-learning)

A internet favoreceu o surgimento de uma metodologia de aprendizagem que se tornou essencial às organizações: o ensino a distância. Algumas organizações se apropriaram dessa metodologia devido aos muitos benefícios que ela proporciona, entre eles:

- otimiza recursos (reduz distâncias, custos de deslocamentos, instalações, tempo e pessoas);
- facilita o alinhamento das estratégias organizacionais;
- dissemina e socializa as informações e gera conhecimentos.

No Brasil, as universidades públicas e privadas já disponibilizam opções de aprendizagem pela internet e muitas empresas já atestaram a eficácia do processo na alavancagem de seu desenvolvimento.

A educação a distância é alicerçada nas seguintes premissas: democratização do acesso ao conhecimento; favorecimento da autonomia na aprendizagem; promoção do ensino inovador; incentivo à educação continuada e redução de custos. O ensino a distância não é novidade, pois já existe há vários anos em cursos pela televisão e por correspondência. A novidade relaciona-se ao novo modelo e à nova ordem de estrutura e contexto organizacionais, propiciados pela tecnologia da informação.

Algumas tecnologias embasadas na telecomunicação viabilizam a comunicação interativa e a dinâmica entre pessoas, que favorecem os processos de ensino a distância, como podemos identificar a seguir:

- videoconferência — caracteriza-se pela comunicação simultânea, em tempo real, entre grupos e pessoas situados em diferentes locais, visando à troca de informações e discussão de forma interativa, semelhante às reuniões ao vivo.

Tem como benefício evitar o desperdício de tempo e o custo do deslocamento físico das pessoas envolvidas, além de poder ser gravada, para compor acervo visando a pesquisas posteriores;

- correio eletrônico — permite a comunicação efetiva, por meio do envio de diversos tipos de mensagens, o que possibilita o arquivamento e registro de documentos. É muito utilizado nos casos de tutoria personalizada e comunicação entre pessoas de um mesmo grupo de aprendizagem;
- internet — propicia o acesso a vários centros de pesquisa e sites específicos. Permite a livre busca de informações e conteúdos, além de disponibilizar o contato com os serviços de tutoria e os centros promotores dos cursos.

As corporações podem contar com a disponibilidade de diferentes recursos tecnológicos para viabilizar seus programas de educação continuada, que envolvem basicamente duas áreas na construção de seu site de ensino a distância: a de educação corporativa e a de tecnologias.

A educação corporativa cria os programas de ensino e responde pelos conteúdos e pela aplicação da metodologia adequada para análise destes e pela transposição pedagógica. A área de tecnologia desenvolve a interface do sistema com aquilo que se deseja repassar, por meio de linguagem e *design* compatíveis com a mídia eletrônica, a fim de integrar participantes e tutores. É nesse estágio que se idealiza o sistema que funcionará na web, ou seja, a estruturação na internet para hospedagem das páginas, bancos de dados, informações e, por fim, a criação do treinamento online. Deve-se ainda dispensar atenção especial à comunicação e à atualização tecnológica do sistema.

Essa interface deve ser realizada em parceria com os idealizadores dos programas, planejadores motivacionais e responsáveis pela provisão dos conteúdos a serem desenvolvidos, junto à área de tecnologia de informação e comunicação (TIC), a fim de promover adaptações e oferecer a melhor visualização e compreensão dos conteúdos.

Embora a tecnologia seja uma parte fundamental do ensino a distância, o êxito dos programas de aprendizagem depende de alguns fatores determinantes para sua efetividade:

- desenvolver métodos apropriados de acompanhamento e *feedback*;
- primar pela objetividade dos conteúdos;
- adaptar metodologias aos diferentes estilos de aprendizagem;
- disponibilizar material impresso, a título de complementação;
- considerar a possibilidade de uso do modelo misto, ou seja, presencial e a distância.

Além dos fatores citados, devem-se observar os recursos metodológicos a serem utilizados, que, segundo Sangrá (2000), podem ser classificados em seis grupos:

- estudo de casos, jogos e simulações;
- grupos de discussão: *chats*, fóruns e outros;
- perguntas abertas: questionários;
- perguntas fechadas: testes com múltipla escolha;
- apresentação de informações inerentes ao tema, como exemplos, textos, gráficos e vídeos;
- sínteses e resumos dos conteúdos apresentados.

Aprendizado por investigação

Trata-se de técnica recente, que surgiu com a ampliação do número de usuários da internet. Nesse processo de aprendizagem, os participantes têm liberdade de definir o ritmo de evolução da investigação dos temas propostos. É uma metodologia que estimula a maturidade emocional, por permitir que os interessados assumam seu processo de aprendizagem e desenvolvimento, com empenho e dedicação de acordo com seus interesses e expectativas.

Para as organizações, esse método amplia a capacidade de autodesenvolvimento dos empregados, reduz investimentos e subsidia a possibilidade da oferta de programas de educação continuada.

Socialização do conhecimento por meio da tecnologia

O conhecimento é visto como o principal ativo a ser gerenciado nas organizações, devido a sua característica inesgotável que destaca a permanente renovação. A velocidade das mudanças espelha avanços tecnológicos que fomentam o enriquecimento das pessoas por meio de um manancial de informações, que exige esforços contínuos de conformação de todos os envolvidos. Os desafios enfrentados para assegurar continuidade e expansão de negócios revelam a incontestável relevância dos processos de aprendizagem permanente no contexto organizacional.

Ao contrário do sistema tradicional, no qual os conhecimentos são trabalhados individualmente, aqui se verifica a demanda por sua socialização, com o desenvolvimento de competências por meio da interação em grupos. Assim, para favorecer o processo contínuo de aprendizagem, é necessário sensibilizar os empregados para adoção de nova postura, na qual a disposição para acrescentar algo novo àquilo já conhecido e o abandono do conformismo aos velhos hábitos constituem a real possibilidade de sucesso das estruturas de aprendizagem a serem implementadas.

A tecnologia desempenha papel essencial na configuração dinâmica das organizações, ao facilitar a captação, estruturação e disseminação do conhecimento, e desencoraja, assim como modifica, as posturas de restrição e retenção de conhecimentos e informações. Relacionamos a seguir alguns recursos disponíveis ao alcance dos profissionais e organizações.

Intranet

Consiste em um conjunto de terminais de computadores interligados em rede privada, constituindo um sistema de armazenamento e intercâmbio de informações, dados e conhecimentos. Favorece a comunicação interna, a interação e conectividade dos diversos setores da organização. Amplia a capacidade organizacional e imprime maior velocidade à atuação coordenada de pessoas e grupos.

A intranet possibilita maior aproveitamento da inteligência da empresa, permitindo que os usuários criem, acessem e distribuam informações com grande facilidade, o que a torna aplicação tecnológica imprescindível às organizações.

Internet

É denominada a rede das redes, por constituir um sistema que permite captação e disseminação de conhecimento online, reduzindo barreiras de espaço e tempo. Considerada ferramenta básica à implementação de programas de educação corporativa, garante maior acesso a diversas fontes de pesquisa, como instituições de ensino formais, empresas parceiras ou concorrentes, sites específicos, entre outras. O acesso facilitado às informações e conhecimentos destaca a necessidade de conscientização para sua utilização, na qual os interessados se tornam responsáveis por captar, organizar, compartilhar e construir conhecimento, na perspectiva da busca de novos caminhos para o exercício articulado das diversas funções, com vistas à ampliação dos resultados organizacionais.

Fatores de sucesso para o ensino a distância

Na ocasião da estruturação de seus programas, as empresas devem considerar a preferência de seus empregados, ou grupos, por um modo particular de aprendizado, seja cooperativo, competitivo ou individualizado. Muitos projetos de educação a distância incorporam aprendizado cooperativo, projetos colaborativos e interatividade entre grupos de participantes e organizações parceiras.

No entanto, o aprendizado eficaz requer tanto o conhecimento do estilo dos participantes quanto a preparação avançada do monitor e do tutor local, que devem conhecer as estratégias da corporação, com vistas a promover o alinhamento estratégico.

Deve-se considerar a viabilização de suporte aos participantes, por meio de diálogos interativos com seus tutores em tempo real, por meio de visitas ao site, teleconferências, questionamentos e respostas obtidas em questões enviadas por correio eletrônico.

Para a devida utilização das ferramentas tecnológicas, é fundamental que estas estejam disponíveis aos tutores, com a possibilidade de realização de intercâmbio entre eles, objetivando a troca de informações sobre experiências vividas no acompanhamento do programa, o alinhamento das orientações e a garantia do contínuo aprimoramento do processo.

A atratividade crescente dos programas de ensino a distância vem sendo atribuída à relação entre *tempo*, *deslocamento*, *investimento* e *versatilidade*.

Por não exigir tempo e custo de deslocamento até algum local específico, o ensino a distância permite a liberdade na composição da agenda pessoal de estudos e viabiliza o contato com outros profissionais de diferentes realidades (sociais, culturais, econômicas) e geograficamente dispersos. Além disso, contempla a facilidade de adaptação às necessidades vigentes no contexto organizacional, oferecendo, assim, múltiplas possibilidades de atender a demandas de desenvolvimento de competências e alinhamento do conteúdo a ser transmitido.

Organizações como sistemas de aprendizagem

A realidade estabelecida pelo mercado globalizado conclama a participação de todas as pessoas envolvidas com as organizações, bem como destaca o desenvolvimento individual permanente de competências técnico-comportamentais de interação coletiva que retratem resultados de continuidade e expansão de negócios. Esse novo quadro ratifica a demanda por um modelo de gestão de pessoas capaz de atender aos apelos de evolução e maturidade dos sistemas e estruturas organizacionais vigentes.

O modelo educacional e as estruturas organizacionais tradicionais praticados durante décadas propiciaram padrões condicionantes e limitadores, visto que não havia incentivos à nossa inerente criatividade. Algumas crenças, por vezes, dificultam e se tornam impeditivas ao desenvolvimento, pois favorecem a reprodução do passado e a dificuldade na quebra dos modelos mentais. Dessa forma, as organizações enfrentam o desafio de sensibilizar as pessoas para uma nova realidade, na qual devem tornar-se participantes ativas por meio da internalização das mudanças, deixando de ser meras reprodutoras de modelos e de conceitos já ultrapassados.

As organizações são sistemas de aprendizagem que, por décadas, foram subestimados. Em contrapartida, nos dias atuais, elas exercem um papel fundamental no processo de desenvolvimento individual e coletivo, devido ao ambiente de convívio intenso com inúmeros desafios, os quais provocam a necessidade de criação de novas propostas de atuação e influenciam nas mudanças de atitudes e comportamentos, preconizados na era do conhecimento. Há um potencial imensurável a ser trabalhado para a conscientização e sensibilização dos indivíduos quanto à valorização do desenvolvimento humano e à importância da sua contribuição em assumir, de maneira consciente, a missão de agentes de mudanças, com o direito assegurado de expressão e aprendizado permanente.

Organizações que aprendem são constituídas por pessoas dispostas ao aprendizado, comprometidas com sua autoavaliação e, consequentemente, responsáveis pelo seu crescimento e o do ambiente em que estão inseridas.

A credibilidade dos programas organizacionais de aprendizagem está atrelada às políticas internas de gestão de pessoas, que devem garantir incentivos ao compartilhamento das conquistas individuais, aplicáveis ao desenvolvimento coletivo. Atribuir valor e mérito à participação contributiva revela-se instrumento significativo de motivação e estímulo para que as pessoas assumam responsabilidades, como também para destacar a capacidade individual de desenvolvimento e realização, além de focar incentivos no sucesso dos resultados comerciais.

Outra forma de reconhecimento está ancorada nas melhorias pessoais e na propiciação de condições para a interação com grupos externos e internos da corporação. Na medida em que mais pessoas se envolvem em uma prática inovadora, a comunicação se torna permeável por meio de redes formais ou informais, propagando o entusiasmo e garantindo sua divulgação de forma crescente, para maior número de pessoas.

O contexto organizacional deve propiciar o desenvolvimento de massa crítica na perspectiva da adoção de atitudes inovadoras, que espelhem resposta à emergente demanda por soluções capazes de viabilizar a expansão de negócios sustentáveis.

O processo da aprendizagem organizacional concretiza-se quando propicia a visão sistêmica de interdependência do conjunto da organização, desenvolve as competências essenciais, libera o potencial criativo e considera imprescindível o processo permanente de atualização, inovação e constantes mudanças.

A efetiva participação do público interno nos programas de aprendizagem organizacional está vinculada à decisão individual de:

- autogestão — assumir a gestão do processo de desenvolvimento pessoal e profissional, buscando, com dedicação e perseverança, a aquisição de conhecimentos e recursos que viabilizem a autonomia profissional;
- maturidade — resultado de todo processo de aprendizagem vivenciado pelas pessoas, que se reflete no amadurecimento de atitudes, de reflexão sobre os fatos decorrentes da vida em geral e, especificamente, da vida profissional;
- respeito — valorização e reconhecimento das diferenças como um elemento facilitador e complementar nas relações interpessoais no cultivo de princípios éticos;
- sintonia — geração de ambiente favorável ao estabelecimento de relações de mútuo incentivo à aprendizagem, tecendo uma rede de troca contínua.

Para concluir

Compreender as organizações como um grande sistema de aprendizagem, embora para alguns de forma imperceptível, remete-nos a soluções ímpares para as múltiplas inquietações com que nos defrontamos.

Em que pese ao vetor capitalista do cenário, observamos que pessoas capacitadas e cientes do seu papel na estrutura organizacional dedicam-se com afinco à renovação da realidade corporativa, elevando a qualidade de vida dos seus integrantes e, consequentemente, a dos produtos e serviços ofertados à sociedade.

Ressaltamos que os programas, metodologias e tecnologias apresentados devem ser contemplados na educação corporativa. Para tanto, no quarto capítulo convidamos você, leitor, a conhecer uma prática estruturada e continuada, por meio da educação e da universidade corporativa, a fim de repensar a atual estrutura de aprendizagem nas organizações, com vistas à construção de um modelo ajustado a sua realidade, considerando todas as premissas abordadas.

4

Educação corporativa (EC)

Este capítulo traz uma contribuição importante aos programas de capacitação e desenvolvimento de pessoas nas empresas: a educação corporativa/universidade corporativa (UC).

Repensar o modelo de UC

Entende-se por universidade corporativa o "guarda-chuva estratégico para o desenvolvimento e educação de funcionários, clientes e fornecedores, com o objetivo de atender às estratégias empresariais de uma organização" (Meister, 1999:263).

Ao abordar o tema UC, precisamos considerar que vivemos em uma era de mudanças constantes nos cenários externos, com reflexos diretos nos ambientes internos das organizações. Nunca as organizações vivenciaram um processo tão complexo e incerto de modelos e estruturas organizacionais. Entra em cena a UC, que vem revolucionar as práticas tradicionais de treinamento até então estabelecidas.

Certamente não podemos apontar nenhum modelo atual como definitivo e ideal. O modelo ideal de capacitação e desenvolvimento será sempre aquele que trouxer resultados para o negócio e que venha a se adequar às demandas estratégicas e ao porte da organização. Entretanto, é importante ressaltar que as organizações serão mais exigentes na busca de modelos de educação permanente e que venham a garantir resultados.

Como prova disso, muitas organizações que optaram por adotar o modelo de UC estão passando por processos internos de mudanças, incluindo o próprio modelo. Em virtude do dinamismo dos negócios e da falta de preparo de seu pessoal, muitas UCs foram concebidas com base em um modelo que não gerou os resultados esperados.

Entretanto, não devemos esquecer que a UC traz, em seu bojo, um riquíssimo modelo conceitual e estrutural, que pode servir de base para a construção de outras estruturas, cabendo a cada organização a composição de seu próprio modelo, ajustado à sua realidade e às suas estratégias.

Concepção da UC

A denominação universidade corporativa teve origem no mundo dos negócios norte-americano: *corporate university*. Quando optam pelo termo UC, as organizações objetivam legitimar o trabalho interno de capacitação, valorizando-o no sentido de estabelecer a metáfora com o modelo das universidades tradicionais, para garantir status aos seus programas. Algumas empresas optam por outras terminologias, tais como educação corporativa, universidade aberta ou academia. Outras simplesmente adotam práticas semelhantes às de universidade corporativa, sem que necessariamente venham a intitulá-las com um termo específico. Isso acontece, muito comumente, nas organizações que seguem a filosofia de educação permanente voltada para seus colaboradores, sem preocupação com nomenclatura, e sim com os resultados gerados a partir das ações de aprendizagem.

À medida que o conceito de educação corporativa for sendo ampliado ou transformado, as organizações renomearão, ou não, seus esforços. Mas a denominação adotada não fará diferença se os princípios forem encontrar respostas às mudanças no ambiente de negócios e buscar a sustentação de sua competitividade por meio do aprendizado permanente.

A essência da UC/EC

Com princípios, missão, visão, valores, objetivos e metas claros, a UC se estabelece como uma vantagem competitiva, alinhada à estratégia do negócio e com a responsabilidade de atender aos anseios dos seus interessados e da organização como um todo.

Ao longo da trajetória das corporações, o processo de capacitação e desenvolvimento transformou-se e evoluiu, passando a assumir papel educacional. Esse papel foi se adequando aos contextos organizacionais e às pressões dos ambientes externo e interno, de tal forma que a UC assume, atualmente, a posição de gestora global de ensino-aprendizagem dentro das organizações.

Sabemos ainda que a educação está intimamente ligada à aprendizagem. Portanto, a era do conhecimento traz em si a transformação da sociedade, requerendo das pessoas atualização constante, maiores conhecimentos e novas leituras de mundo, na busca do entendimento de diferentes mecanismos de funcionamento do trabalho e da sociedade.

Para prosperar nesse ambiente global em constante evolução, é necessário um novo tipo de organização, em que o modo de pensar compartilhado por todos os colaboradores seja vital para o sucesso a longo prazo.

A educação e a qualificação corporativa são o caminho que proporcionará o destaque necessário para a sobrevivência dos negócios no novo milênio. A UC deve oferecer sustentação às metas e uma cultura de aprendizagem contínua. Entretanto, devemos observar alguns parâmetros que são primordiais para o seu desenvolvimento.

Parâmetros para desenvolvimento da educação corporativa

A EC, com seus diferentes estágios de desenvolvimento, vem para alinhar, sistematizar e propiciar o crescimento da organização, com vistas ao atendimento das demandas estratégicas, por meio do desenvolvimento das competências do seu corpo funcional e de seus parceiros.

É essencial às práticas da EC a definição dos valores a serem compartilhados e dos objetivos a serem alcançados. Para tanto, destacamos alguns itens a serem considerados na sua constituição:

- ser estratégica;
- desenvolver a empregabilidade dos colaboradores;
- assegurar vantagem competitiva por meio do desenvolvimento de competência em seus profissionais;
- ter uma organização e atuação pró-ativas;
- catalisar as ações;
- buscar o aprendizado organizacional;
- transformar-se em centro de resultados;
- propiciar a educação continuada;
- ter o papel de facilitador e multiplicador;
- dar sentido às ações de capacitação e desenvolvimento.

Considerações e componentes para a implementação de EC

As organizações devem levar em consideração alguns aspectos de extrema relevância para a implantação de educação corporativa. Podemos citar cinco aspectos, a seguir.

Subordinação

A quem a EC estará subordinada? O Grupo de Pesquisas em Educação Corporativa, do Programa de Pós-Graduação em Administração, da Faculdade de Economia, Administração e Contabilidade, da Universidade de São Paulo (PPGA-FEA-USP), realizou em 2004 uma pesquisa,[1] coordenada por Marisa Eboli, com o objetivo de identificar a quem a EC está subordinada nas empresas. Foram escolhidas 164 empresas — do setor financeiro, da indústria primária e secundária, da indústria de infraestrutura e do setor de serviços — que possuíssem algum tipo de iniciativa em EC. Responderam aos questionários enviados somente 39 empresas, na maioria de grande porte e com capital majoritário brasileiro. Os resultados encontrados foram os seguintes:

- em mais de 70% das empresas, a EC estava subordinada à área de gestão de pessoas;
- em 33% das empresas, a EC situava-se um nível abaixo do CEO;
- em aproximadamente 40% dessas empresas, a EC situava-se dois níveis abaixo do CEO (*chief executive officer*).

Embora não se tenha especificado, no grupo de 33%, em que área(s) a UC foi alocada, é essencial ressaltar que, independentemente da área responsável, esta precisa interagir diretamente com a área de gestão de pessoas, planejamento e comu-

[1] *Melhor*. Publicação oficial do sistema nacional ABRH. Edição especial "Anuário 2005".

nicação. Os componentes fundamentais que devem ser considerados na implantação da UC (Meister, 1999) são apresentados na figura 5.

Figura 5

COMPONENTES DA UC

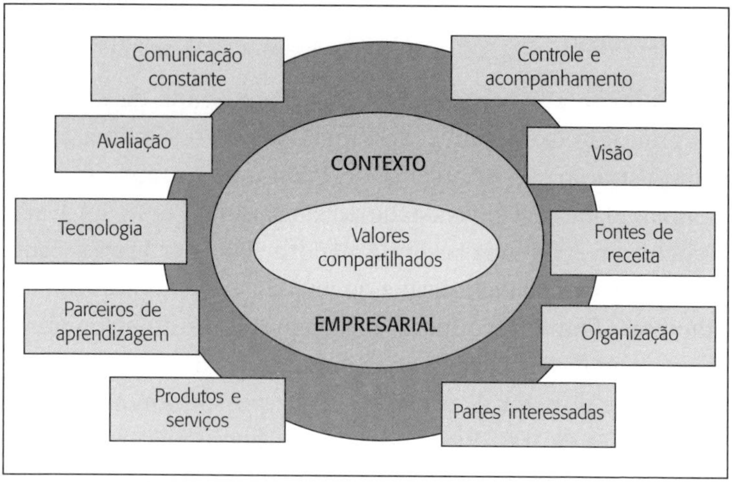

Fonte: Meister (1999:63).

A comunicação deve constituir-se de um sistema de informações efetivo e contínuo, no qual sejam criados veículos marcantes de comunicação interna para programações, eventos e compartilhamento de ideias e projetos. Essas interações garantem os resultados positivos da EC.

Destacamos que, qualquer que seja a área a liderar a EC, é vital o envolvimento das principais lideranças da organização na sua construção. Essa aproximação é geradora de aceitação, entendimento, participação e disseminação da EC, o que propicia a adesão natural dos envolvidos, tornando o projeto acessível e estimulando a corresponsabilidade.

O comprometimento e o envolvimento da alta cúpula da organização são imprescindíveis para o sucesso da implementação e manutenção da EC. Igualmente fundamental é a criação de um senso comum entre os líderes, de valorização e de participação nas ações da EC.

Para tanto, faz-se necessária a criação de uma visão da EC partilhada, em um esforço conjunto, por todos os níveis da organização. A visão da EC objetiva estimular as pessoas de forma inspiradora, duradoura, confiável e concisa, além de nortear os líderes e participantes sobre o quanto se deseja atingir e o que se pretende alcançar com o processo.

Revisão de valores e estratégias

Um aspecto essencial é rever os valores culturais e as estratégias da organização, a fim de que se possa implantar a EC com coerência aos seus princípios, contemplando-se a necessidade da quebra de paradigmas, como, por exemplo: foco no cliente, e não no processo; foco no desenvolvimento, e não no treinamento autônomo; foco em competências, e não em habilidades técnicas; foco em resultados, e não em custos; foco nos projetos institucionais, e não em projetos da respectiva área.

A revisão dos valores e estratégias implica a mobilização das lideranças para que seja repensado o atual modelo, objetivando o alcance de um amplo consenso, que deve ser compartilhado e incorporado pelos empregados e parceiros, na busca de um alinhamento estratégico.

Analisando o espectro dos projetos de EC, identificamos que, com frequência, há uma ênfase no investimento a ser realizado (erroneamente, considera-se que, para sua efetividade, são necessários altos investimentos), na implementação de novas tecnologias, nos resultados de curto prazo, em treinamentos e em infraestrutura. Já fatores como contexto propício, valores, discurso *versus* prática, cultura e clima organizacional, em muitos casos, não são apreciados e destacados na proposta inicial de EC.

Poucas organizações realizam a pesquisa de clima organizacional ou a consideram um pré-requisito para implantação de EC. Tampouco são observados alguns indicadores que precisam ser avaliados, tais como: nível de credibilidade, satisfação, interesses e práticas comuns no âmbito organizacional. Tais informações devem ser revistas, considerando o estágio de amadurecimento da organização para internalização dos princípios de EC. Para tanto, conforme os resultados, surge a necessidade da incorporação de novos valores, práticas e um modelo de gestão voltado para a liderança, constituindo-se efetivamente em uma organização que se renova e que aprende na perspectiva da implementação da EC e da gestão do conhecimento.

Modelo de funcionamento

Compreende o processo de decisão quanto ao modelo de funcionamento a ser proposto às pessoas. A EC pode atender a todos os níveis da organização. Com base em definições estratégicas, o processo pode estar direcionado exclusivamente ao desenvolvimento das lideranças ou ser extensivo a todos os integrantes da organização. Essa é uma decisão estratégica e indispensável para a definição dos projetos e programas, que engloba a análise de toda a cadeia de valores envolvida. Questiona e estabelece em que nível as *partes interessadas*, ou seja, os parceiros estratégicos (fornecedores, distribuidores, clientes, prestadores de serviços, pessoas jurídicas e outros) que serão contemplados na EC.

Complementarmente, devem ser identificados quais serão os *parceiros de aprendizagem* que contribuirão para o desenvolvimento organizacional, junto à área de gestão de pessoas, na construção dos programas e atividades adequados à EC. Esses parceiros podem ser universidades, centros de aperfeiçoamento, ONGs, escolas técnicas, entre outros, conforme a natureza do negócio. O conjunto de *produtos e serviços*, a ser preparado para os parceiros externos e internos e ofertado pela EC, deve ser elaborado sobre duas vertentes: programas formais (MBAs, treinamentos específicos, *e-learning* e cursos livres) e programas informais (*job rotation*, oficinas, *benchmarking*, melhores e piores práticas, entre outros). Esses programas são desenvolvidos na perspectiva da redução de custos, maior aproveitamento, otimização de recursos e foco na aplicabilidade para a organização.

Ainda quanto ao funcionamento, os programas de aprendizagem podem ser obrigatórios, ou não, para o público estabelecido. Os programas obrigatórios surtem efeito, porém, de acordo com a filosofia da busca do autodesenvolvimento, o ideal seria que as pessoas fossem livres para optar tal qual em uma universidade, onde o indivíduo se torna responsável pelo seu crescimento e define o que melhor se ajusta aos seus interesses e objetivos, conjuntamente aos da organização. Para tanto, são requeridos programas de *coaching* e *mentoring*, a fim de auxiliar e orientar o participante na perspectiva da elaboração do plano de desenvolvimento individual. Grandes corporações têm oferecido trilhas ou rotas de desenvolvimento na organização, ou melhor, caminhos que possibilitam ao empregado perceber que competências precisam ser constituídas para a ascensão e promoção interna. Essas trilhas ou rotas fornecem ao interessado a identificação dos programas que melhor podem favorecer o desenvolvimento das competências exigidas, constituindo-se em um itinerário que amplia as possibilidades de crescimento dos empregados.

No âmbito da educação profissional, as trilhas e rotas são denominadas itinerários formativos, guardadas as devidas proporções, por se tratar de formação educacional estruturada. Segundo Real e coautores (2005:22, 23), os itinerários formativos são construídos dentro de cada área profissional, seguindo a hierarquia de complexidade das competências exigidas de cada ocupação e dentro das três modalidades de cursos de educação profissional previstas no Decreto Federal nº 5.154.

A correta definição dos itinerários formativos permite à entidade planejar sua oferta de cursos, possibilitando a escolha pelos participantes, segundo seu interesse e nível de escolaridade, tornando-os capazes de decidir sobre possíveis trajetórias de profissionalização. Para tanto, é necessária e importante a articulação das organizações com entidades educacionais (universidades, sistemas S, escolas técnicas, entre outras).

A Lei de Diretrizes e Bases (LDB) nº 9.394/96, em seu art. 41, prevê que as competências desenvolvidas anteriormente, em cursos ou no trabalho, podem ser aproveitadas, mediante avaliação e reconhecimento por parte da instituição.

Os itinerários formativos podem ser viabilizados em módulos. Para sua estruturação, devem ser considerados e registrados aspectos referentes a:

- justificativa e objetivos do curso;
- requisitos de acesso;
- perfil profissional de conclusão;
- organização curricular, com definição dos itinerários formativos/terminalidades, organização dos módulos e definição de estágio supervisionado;
- critérios de aproveitamento de competências e experiências anteriores;
- critérios de avaliação;
- instalações e equipamentos;
- pessoal docente e técnico;
- certificados e diplomas.

Papéis e responsabilidades

A organização e definição dos papéis e responsabilidades de cada membro quanto às funções de planejamento, operações, logística, desenvolvimento e aprendizagem exigem bastante atenção. Esse item requer indivíduos habilitados e com perfil adequado, visto que as pessoas envolvidas no processo de EC necessitam obter conhecimentos específicos e visão sistêmica do processo, com seus respectivos sistemas, articulações e interações, principalmente no que tange ao *controle* e acompanhamento, considerando:

- a vinculação dos programas de aprendizagem às principais estratégias institucionais;
- a identificação e priorização das necessidades de aprendizagem atuais e futuras;
- a garantia do desenvolvimento, apresentação, avaliação e validação dos conteúdos e competências.

O uso da *tecnologia* também é um ponto a ser considerado. Exige, do responsável por tecnologias de aprendizagem, atualização constante para a identificação de inovações tecnológicas, assim como a análise da relação custo *versus* benefícios em sua aplicação e a requisição de adequação do parque tecnológico para sua absorção, quando necessário. Sua contribuição é muito importante na orientação da aplicação de tecnologias para a distribuição dos programas de aprendizagem na organização e nos parceiros estratégicos.

De forma similar, as *fontes de receita* precisam ser geridas. Um dos aspectos interessantes do sistema de EC é a possibilidade da contribuição e participação dos parceiros estratégicos no investimento a ser realizado, visto que todos têm interesse no desenvolvimento, minimizando os custos que caberiam a cada organização. Assim, a gestão de parte das fontes de receitas, oriunda de parceiros estratégicos, deve ser pautada em um orçamento fixo anual, considerando o acompanhamento do orçamento interno e a busca do desenvolvimento sustentável. Geralmente, esse processo é gerido pelo maior responsável por EC nas organizações.

Avaliação e validação

Outro aspecto essencial é o processo de avaliação e validação dos programas implementados, especialmente quanto à sua aplicabilidade no trabalho. A área responsável por tecnologias pode contribuir significativamente na elaboração de sistemas que apoiem a EC, assim como na geração de relatórios específicos e globais, com dados estatísticos e resultados parciais e finais. Não podemos, porém, esquecer a necessidade prévia da criação de indicadores precisos de desempenho que possam traduzir o alcance das metas estratégicas, por meio das ações de educação corporativa. Esses indicadores hão de ser definidos com base nos resultados quantitativos e qualitativos da corporação. Esse tem sido um grande desafio para a EC. Todavia, quando conhecidos os fatores críticos de sucesso e as metas, e realizado o alinhamento ao negócio, facilmente os indicadores vêm à tona.

Por último, as tendências de EC apontam para a busca de programas que atendam aos interesses da organização, voltados para o desenvolvimento e as expectativas dos clientes internos e externos, para a responsabilidade social e a ética. Ouvir o cliente é tarefa primordial e garante a assertividade nas programações.

A EC deve disseminar a cultura da organização, propiciar maior acesso às informações e estimular o comprometimento dos empregados com o próprio autodesenvolvimento. Como gestora do capital intelectual, cabe-lhe avaliar-se constantemente e aferir o resultado de suas ações, com vistas a melhorias e à busca do desenvolvimento sustentável, com autonomia e responsabilidade.

A gestão do conhecimento passa a ser parte integrante e a permear, mesmo que de forma imperceptível, todas as ações de EC. Assim, propomos, a seguir, uma reflexão em torno da comunhão de esforços da EC/UC e gestão do conhecimento.

Educação corporativa e gestão do conhecimento

Entendemos que um dos desafios para a formulação de novos modelos de educação/universidade corporativa seja alinhar os objetivos estratégicos ao desenvolvimento dos capitais da gestão do conhecimento: ambiental, estrutural, humano e de relacionamento. Vejamos cada um deles.

- *Capital ambiental* — características socioeconômicas, aspectos legais, valores éticos e culturais, aspectos governamentais, nível de desenvolvimento tecnológico, aspectos financeiros (taxa de juros e mecanismos de financiamento).
- *Capital estrutural* — conjunto de sistemas administrativos, conceitos, modelos, rotinas, marcas, patentes e sistemas de informática, que permitem à organização funcionar de maneira efetiva e eficaz.
- *Capital humano* — conjunto de habilidades e competências que as pessoas detêm e que se agregam à dinâmica da empresa. Este capital não é de propriedade das empresas.
- *Capital de relacionamento* — rede de relacionamento de uma organização, formada por seus clientes, fornecedores e parceiros.

Os capitais da gestão do conhecimento podem ser considerados referenciais norteadores ou pilares para a construção de um novo modelo, ou vice-versa. O currículo básico da UC também pode servir como estruturador do novo modelo. Eles estariam favorecendo uma linha de estruturação coerente com as demandas internas e externas das organizações, englobando, dessa forma, as vertentes de ação das organizações e do macrocenário.

Normalmente, o currículo básico de uma universidade corporativa é composto por:

- cidadania corporativa — treinamento em relação aos valores, à visão e à cultura da organização;

- estrutura contextual — clientes, concorrentes, tendências do setor e melhores práticas de outros; conhecer e praticar as competências básicas do ambiente de negócios;
- competências básicas do ambiente de negócios — aprendendo a aprender; comunicação e colaboração; raciocínio criativo e resolução de problemas; conhecimento tecnológico; conhecimento de negócios globais; desenvolvimento de liderança; autogerenciamento de carreira.

A conexão entre os capitais da gestão do conhecimento e o currículo básico da universidade corporativa é apresentada no quadro 13, com suas interfaces.

Quadro 13

Currículo básico da UC

Capital	Currículo
Ambiental	Cidadania corporativa Estrutura contextual
Estrutural	Desenvolvimento de competências básicas: programas de aprendizagem, *job rotation* e outras atividades
Humano	Desenvolvimento de competências básicas ocupacionais para o ambiente de negócios e para funções específicas
De relacionamento	Desenvolvimento de competências básicas comportamentais, as quais perpassam todos os programas de aprendizagem na troca com os diversos *stakeholders* (interessados internos e externos)

Ponderando que vivemos na era do conhecimento, talvez esse seja um modelo aplicável e, como tal, possa acrescentar valor às organizações, gerando condições para o surgimento de uma organização conectada aos desafios imperativos das sociedades.

Tratar o público interno como participante ativo de inteligência contributiva, respeitando suas aspirações de desenvolvimento, incentivando a responsabilidade por meio de uma cultura organizacional que retrate o princípio da interdependência — eis o grande desafio dos programas de educação corporativa.

A organização conectada pressupõe movimento contínuo de desenvolvimento, consagrado por meio das relações de reciprocidade interna e externa. Deve-se priorizar a comunicação interpessoal para viabilizar uma abordagem consciente do negócio, que manifeste respeito para com o público interno, o público externo e a prosperidade comunitária.

Com a educação corporativa, as organizações podem assumir sua verdadeira missão de congregar esforços, atraindo a participação de inteligências, num mutirão capaz de promover qualidade de vida e traçar um futuro promissor, com soluções originais para questões econômicas, ecológicas e sociais.

As organizações e pessoas assumem a prática de viver o presente, ou seja, de viver um processo de desmistificação das impossibilidades do passado, com visão reconhecida pela maturidade conquistada e concentrada numa atuação consciente de que só haverá futuro como efeito das atuais práticas.

Já percebemos que a magnitude dos desafios que hoje enfrentamos é fruto das omissões do passado e que, para construirmos uma nova realidade, precisamos favorecer o despertar da contribuição individual e coletiva como caminho de realização. A educação corporativa é capaz de potencializar o poder de transformação e responder aos anseios por práticas organizacionais consistentes.

Casos nacionais de UC e EC

De forma complementar ao tema de EC, apresentamos a seguir dois exemplos de educação e universidade corporativas.

Os casos de EC da Universidade Corporativa Banco do Brasil e da Embrapa permitirão a você, leitor, a macrovisão de como grandes corporações têm praticado os modelos de capacitação e desenvolvimento de pessoas.

O caso da Universidade Corporativa Banco do Brasil[2]

O Banco do Brasil, fundado há 195 anos, é a maior instituição pública financeira do país. Está presente em todos os estados, possui 3.155 agências, mais de 12 mil pontos de atendimento e 38 mil terminais de autoatendimento espalhados por todo o território nacional. No exterior, são 38 dependências. Conta com mais de 85 mil funcionários, admitidos por meio de concurso público. Oferece 11 mil vagas para estagiários e 4.500 vagas para adolescentes trabalhadores.

A Universidade Corporativa Banco do Brasil (UniBB) faz parte da Vice-Presidência de Gestão de Pessoas e Responsabilidade Socioambiental. Entre seus principais objetivos estão desenvolver o capital humano da organização e contribuir para intensificar o relacionamento do banco com o mercado e com a sociedade.

A UniBB se pauta pelas quatro aprendizagens consideradas essenciais para os profissionais do século XXI, segundo a Unesco:

- *aprender a conhecer* — conciliar uma cultura geral e ampla o suficiente para o aprofundamento em uma área específica de atuação, construindo as bases para aprender ao longo de toda a vida;
- *aprender a fazer* — desenvolver a capacidade de enfrentar situações inusitadas que requerem, na maioria das vezes, o

[2] Cedido por Pedro Paulo Carbone, gerente executivo da Universidade Corporativa Banco do Brasil, e adaptado pelas autoras.

trabalho coletivo em pequenas equipes ou em unidades organizacionais maiores; assumir iniciativa e responsabilidade em face das situações profissionais;

- *aprender a conviver* — perceber a crescente interdependência dos seres humanos, buscando conhecer o outro, sua história, tradição e cultura, e aceitando a diversidade humana. A realização de projetos comuns e a gestão inteligente e pacífica dos conflitos envolvem a análise compartilhada de riscos e a ação conjunta em face dos desafios do futuro;
- *aprender a ser* — desenvolver a autonomia e a capacidade de julgar, bem como fortalecer a responsabilidade pelo autodesenvolvimento pessoal, profissional e social.

O desenvolvimento profissional tem sido tema bastante discutido nos últimos anos. As constantes transformações sociais, econômicas, políticas e culturais têm impelido as organizações a desenvolver competências e tecnologias gerenciais para fazer frente a uma conjuntura cada vez menos estável. São comuns as tentativas de identificar modelos de gestão mais eficazes, fontes de vantagem competitiva e mecanismos para promover o desenvolvimento de pessoas e organizações.

Na indústria bancária, em especial no Brasil, essa conjuntura apresenta-se ainda mais instável, sobretudo em razão da intensa e crescente competição que se estabelece. Atuando em um mercado extremamente competitivo, os bancos procuram desenvolver e incorporar, ao ambiente empresarial, tecnologias e modelos de gestão que lhes garantam competitividade.

As propostas para obtenção de vantagem competitiva, apesar das diferenças semânticas, parecem caminhar em uma mesma direção: gestão de competências, gestão do desempenho, educação corporativa, aprendizagem organizacional, gestão do conhecimento e gestão do capital intelectual. Percebe-se, nessas proposições, que a competitividade parece derivar, cada vez mais, da capacidade de a organização integrar seus recursos humanos em torno de objetivos e metas organizacionais.

Nesse contexto, o Banco do Brasil fundou sua Universidade Corporativa, visando sistematizar e alinhar esforços em torno do desenvolvimento de competências consideradas fundamentais para o sucesso da organização. Fruto de quase 40 anos de experiência em educação empresarial (a área de desenvolvimento profissional do Banco do Brasil foi criada originalmente em 1965), a Universidade Corporativa possui o papel de desenvolver a excelência humana e profissional dos funcionários do banco e também de seus parceiros, clientes e fornecedores, por meio da criação de valor em soluções educacionais. Dessa forma, promove a melhoria do desempenho e fortalece a imagem da organização.

Com a crença de que a educação corporativa sustenta a competitividade da empresa, a Universidade Corporativa Banco do Brasil constitui, hoje, um grande laboratório de aprendizagem. Sua estrutura é composta pela sede, em Brasília, e por 12 unidades regionais. Ao todo, são 12 auditórios, uma biblioteca (com 30 mil títulos) e 98 salas de aula espalhadas por todo o país. Em seu portfólio há mais de 240 treinamentos, entre cursos presenciais, autoinstrucionais (em várias mídias), palestras, oficinas e *workshops*, em diversas áreas.

Seus cursos presenciais são ministrados por entidades parceiras e por quase 1.200 educadores corporativos, funcionários do banco que, pelo menos duas vezes por semestre, deixam temporariamente seus postos de trabalho para atuar como instrutores internos. Os treinamentos a distância, por sua vez, são oferecidos por mídia impressa, por vídeo, pela web através do portal da Universidade Corporativa na internet (http://uni.bb.com.br) e pela TV Corporativa do BB, um canal de TV fechado, dedicado à informação e ao teletreinamento, que possui mais de 3 mil pontos de recepção em todo o país. Somente em 2003, 24.902 obras do acervo da biblioteca foram emprestadas aos usuários e 270.879 ações de aprendizagem foram realizadas, gerando quase 7 milhões de horas/treinamento no ano, o que representa, em média, 85 horas de treinamento por funcionário. Nos últimos anos, foram concedidas mais de 13 mil bolsas de estudo para cursos de graduação, 8 mil para cursos de pós-graduação e 3 mil para cursos em idiomas estrangeiros. Só em 2004, 2.600 bolsas de MBA em Negócios Financeiros foram ofertadas aos funcionários do BB, e foram concedidas 3.300 bolsas de graduação nas áreas de administração, economia, contabilidade, direito, psicologia, sociologia, pedagogia, letras, matemática, engenharia, entre outras. Para 2005, a meta institucional de treinamento busca atingir a média de 86 horas de treinamento *per capita*/ano, observado o padrão de, no mínimo, 45 horas de treinamento por funcionário.

Entre os programas mais importantes da UniBB, destaca-se o Programa de Desenvolvimento de Competências para o Negócio. São mais de 240 diferentes cursos internos, em sala de aula ou a distância (teletreinamento, vídeo, *e-learning* e/ou apostila autoinstrucional), nas áreas de gestão empresarial, economia, finanças, crédito, auditoria e controle, gestão de pessoas, marketing, comunicação, produtos, serviços e negócios bancários, agronegócios, negócios internacionais, tecnologia da informação, educação e cidadania, entre outros. O programa é desdobrado como segue.

- *Programa de Desenvolvimento de Competências para a Ação Social* — são oferecidos programas para a formação de alfabetizadores, de agentes de desenvolvimento regional, de voluntários e de orientadores profissionais (para atuação com adolescentes carentes e pessoas com necessidades especiais). Tais ações contribuem para o reconhecimento do Banco do Brasil como empresa cidadã e socialmente responsável.
- *Programa de Orientação Profissional e Gestão de Carreira* — está à disposição de todos os funcionários o Programa de

Orientação Profissional, com o objetivo de orientar o desenvolvimento pessoal e profissional dos funcionários na direção das oportunidades de ascensão profissional e de mobilidade existentes na empresa. Pode ser realizado presencialmente em sala de aula, ou através do site da UniBB, pelo sistema eletrônico chamado *Trilhas de aprendizagem*.

- *Programa de Gestão de Conhecimentos e por Competências* — a UniBB também desenvolve amplo programa de gestão de competências, com destaque para as ações de avaliação, mapeamento e certificação de competências profissionais. No campo da gestão do conhecimento, mapeia e disponibiliza as melhores práticas da empresa, além de desenvolver oficinas para o compartilhamento de conhecimentos e experiências de sucesso.
- *Programa de Certificação de Conhecimentos Bancários* — este programa, que vem sendo desenvolvido em parceria com o MEC, visa oferecer linhas de certificação de conhecimentos fundamentais ao exercício das atividades bancárias, nas áreas de mercado de capitais, idiomas estrangeiros, produtos e negócios bancários, finanças, matemática financeira, crédito, gestão de pessoas, agronegócios, negócios internacionais, prevenção e combate à lavagem de dinheiro, entre outros. O sistema está sendo preparado para orientar o autodesenvolvimento e permitir a pré-qualificação para o exercício de funções.
- *Programa de Educação Superior* — a UniBB oferta atualmente bolsas de graduação, pós-graduação, MBA *in company*, mestrado e doutorado. Nos últimos anos, já ofertou mais de 20 mil bolsas de educação superior aos seus funcionários.
- *Programa de Incentivo à Leitura* (Biblioteca da UniBB) — a biblioteca possui um acervo atualizado com aproximadamente 30 mil livros, que podem ser disponibilizados, em caráter de empréstimo, pelo malote interno do banco, aos funcionários lotados em qualquer região do país.
- *Programa de Co-gestão do Orçamento de Treinamento com os Funcionários* — a UniBB compartilha a gestão do orçamen-

to de treinamento com os funcionários. Reserva cerca de um terço do valor para investimentos em programas de capacitação escolhidos pelos funcionários, entre cursos e outras ações de desenvolvimento não ofertadas pelo sistema UniBB de educação.

O sistema de capacitação do Banco do Brasil pode ser efetivamente considerado um dos principais responsáveis pelo crescimento da empresa e pelo aumento constante da lucratividade em suas operações. Os vários programas disponibilizados aos funcionários, de acordo com o exemplo dos dados das tabelas 1 e 2, têm contribuído sobremaneira para o incremento e o fortalecimento dos negócios e das ações sociais da organização.

Tabela 1

NÚMERO DE TREINANDOS E DE HORAS DE TREINAMENTO EM 2003

Modalidade de treinamento	Número de treinandos	Horas de treinamento
Cursos e seminários internos – presenciais	67.034	1.103.023
Cursos internos – autoinstrucionais e em serviço	57.820	1.528.024
Eventos de atualização e cursos contratados no mercado	25.414	424.907
Seminários e cursos realizados no exterior	12	870
Cursos do Programa BB MBA (pós-graduação *lato sensu*)	734	262.422
Cursos de aperfeiçoamento em idiomas estrangeiros	705	85.236
Cursos de graduação (bolsas em andamento)	4.400	2.639.850
Cursos de especialização (bolsas em andamento)	778	279.930
Cursos de mestrado e doutorado (bolsas em andamento)	27	55.272
Programa Extraordinário de Aprimoramento Profissional e Pessoal	113.955	506.871
Totais	**270.879**	**6.886.405**

Tabela 2

ESTATÍSTICA DE EMPRÉSTIMOS NA BIBLIOTECA, 2001-03

Biblioteca – Gestão do conhecimento	
Período	Obras emprestadas
2000	6.434
2001	12.587
2002	23.569
2003	24.902
Total	**61.857**

O caso da educação corporativa da Empresa Brasileira de Pesquisa Agropecuária (Embrapa)[3]

O processo de gestão das pessoas é visto, atualmente, como um dos principais fatores de sucesso das organizações do mundo contemporâneo. Nas instituições de conhecimento, esse processo assume um papel crítico, pois ciência e tecnologia se fazem com a inteligência e a criatividade das pessoas. Em função desse reconhecimento é que a Embrapa se tornou o mais significativo exemplo da inteligência, da criatividade e da inovação do cientista brasileiro.

A construção da Embrapa fundamentou-se, desde o início, em uma política de recursos humanos arrojada, focada na atração e no desenvolvimento dos melhores talentos. Para isso, desde 1973, a empresa investe fortemente na capacitação de recursos humanos. Para manter e aprimorar o padrão de capacitação alcançado, que será descrito adiante, a Embrapa vem investindo na consolidação do conceito de educação corporativa. Para a empresa, a educação corporativa é o processo de construção e reconstrução permanente e contínua do co-

[3] Cedido por Magali dos Santos Machado, da Coordenadoria de Educação Corporativa da Embrapa.

nhecimento, que atende às competências ligadas à área de atuação de cada um dos empregados, integrantes do seu quadro de pessoal, e que busca soluções corporativas de desenvolvimento dos talentos humanos, vinculadas aos objetivos estratégicos da organização. A educação corporativa na Embrapa tem por objetivos:

- incentivar a criação de um ambiente organizacional no qual os conhecimentos adquiridos estejam intrinsecamente vinculados à missão, estratégias e valores da Embrapa;
- promover o autodesenvolvimento contínuo do empregado a curto, médio e longo prazos, por meio da aquisição, atualização e manutenção de conhecimentos, habilidades e atitudes para a busca de soluções inovadoras;
- fornecer orientação para a condução de eventos de capacitação que promovam a formação ou o aperfeiçoamento dos empregados, e relacionem a aquisição e a atualização de conhecimentos à construção de soluções adequadas aos objetivos da Embrapa;
- atender às prerrogativas estabelecidas no processo de desenvolvimento profissional da Embrapa, estimulando as ações de capacitação continuada de todos os seus empregados, sem distinção de cargo ou carreira.

Com a finalidade de possibilitar o alcance desses objetivos, a educação corporativa considera os seguintes princípios:

- estímulo e desenvolvimento nos empregados de um estado permanente de resolução de problemas, independência, crítica construtiva e capacidade criativa, levando em consideração as metas e os objetivos da empresa;
- estímulo e geração de um clima de aceitação para mudanças significativas, como indicadoras dos momentos de progresso e desenvolvimento das pessoas e da organização;

- valorização das mudanças de comportamento, buscando a elevação do nível de motivação e de comprometimento na empresa, bem como o aprimoramento contínuo;
- favorecimento de um ambiente de aprendizagem, estimulando constantemente o autodesenvolvimento do empregado e a corresponsabilidade no crescimento profissional, tendo em vista o alcance dos objetivos da Embrapa;
- estímulo ao processo de compartilhamento de conhecimentos, visando à melhoria e ao aumento de troca de ideias e experiências;
- estímulo ao empregado para analisar, planejar, executar e avaliar as atividades da empresa, visando ampliar sua atuação profissional;
- promoção de programas de capacitação para seus empregados, coerentes com a realidade da empresa, alinhando os perfis profissionais dos segmentos gerencial, técnico-científico e operacional aos perfis desejados institucionalmente;
- oferta de suporte organizacional necessário (orientações, materiais, infraestrutura e oportunidades de aplicação) à transferência de conhecimentos, habilidades e atitudes para a realização do trabalho dos empregados da Embrapa;
- utilização de processos mensuráveis de avaliação em diversos níveis (estratégico, tático e operacional) que garantam o planejamento, o monitoramento e o alcance dos resultados obtidos pelas diversas ações de capacitação continuada, a curto e longo prazos, para aumentar a eficiência e a eficácia do trabalho na Embrapa;
- expansão de diversas oportunidades de capacitação continuada e orientada por critérios claros e de domínio público.

O processo de educação corporativa na Embrapa engloba ações de capacitação continuada voltadas para a formação e o aperfeiçoamento dos empregados. Abrange as ações de *formação*, nos níveis fundamental, médio e de pós-graduação *stricto sensu*, e de *aperfeiçoamento*, que envolvem as ações de capacitação de curta duração de cunho técnico e/ou corporativo. Essas ações podem ser realizadas tanto no país quanto no exterior, de forma presencial ou a distância. A figura 6 ilustra como esse processo está estruturado internamente na Embrapa.

Figura 6

PROCESSO DE EDUCAÇÃO CORPORATIVA DA EMBRAPA

EDUCAÇÃO CORPORATIVA	
FORMAÇÃO	APERFEIÇOAMENTO
Nível fundamental Nível médio Pós-graduação *stricto sensu:* mestrado e doutorado	Cursos Congressos Estágios Capacitação no local de trabalho Visitas técnicas Oficinas de trabalho Especialização Pós-doutorado Licença sabática

Entre as ações de *formação*, a que mais se destaca, ao longo dos últimos 30 anos de existência da Embrapa, é a pós-graduação *stricto sensu*. Durante esse período, a empresa tem investido forte e continuamente na manutenção de um quadro de pessoal de elevado padrão técnico-científico, formando 2.859 empregados em cursos de mestrado e doutorado, dos quais 783 em universidades no exterior, conforme pode ser observado na figura 7.

Figura 7

NÚMERO DE EMPREGADOS EM CURSOS DE MESTRADO E DOUTORADO

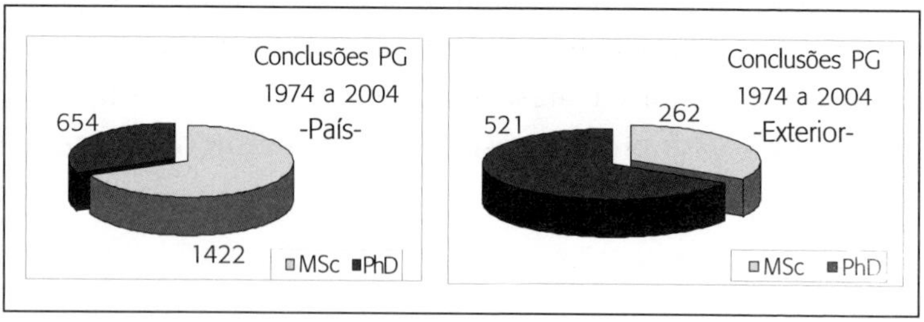

É importante salientar que o diferencial desse intenso programa interno de formação resulta de um processo metodologicamente estruturado de identificação prospectiva de necessidades de investimento em competências corporativas estratégicas, bem como de um rigoroso processo seletivo dos empregados que se candidatam. Como decorrência disso, a Embrapa possui um índice de evasão inferior a 10%.

Esse investimento em formação permitiu que a Embrapa possuísse, hoje, em seu quadro de pessoal, 1.046 empregados com mestrado (12%) e 1.418 com doutorado (17%). Entre os 2.220 pesquisadores da empresa, 867 possuem o nível de mestrado (39%) e 1.282 possuem doutorado (57%).

Além dessa preocupação com a manutenção de um patamar diferencial voltado para a alta qualificação dos seus empregados, a empresa também vem-se estruturando para investir, de forma estratégica e corporativa, na elevação do grau de escolaridade nos níveis fundamental e médio. Com a finalidade de possibilitar maior compromisso profissional e engajamento social, a empresa tinha como meta investir na formação de 1.894 empregados, para que, até 2007, todos tivessem concluído o ensino fundamental.

A outra linha de atuação da educação corporativa na Embrapa engloba as ações de aperfeiçoamento. Essas ações estão direcionadas para a atualização, o aprofundamento e a especialização de competências em áreas específicas do conhecimento. Incluem atividades como reuniões técnicas, visitas técnicas, palestras, cursos, oficinas, congressos, conferências, encontros, fóruns, mesas-redondas, painéis, seminários, simpósios, pós-doutorado, curso de especialização *lato sensu* e outros eventos, que resultam na melhoria de competências diretamente relacionadas à área de atuação dos empregados.

Em média, anualmente, a Embrapa investe na capacitação de 2.500 empregados, por meio de ações coletivas ou individuais de curta duração, de caráter técnico ou estratégico, realizadas em aproximadamente 14 mil horas anuais. Outro diferencial, em termos de aperfeiçoamento, é o investimento corporativo anual de 40 vagas, custeadas integralmente pela empresa, para cursos de especialização *lato sensu* nas mais diversas áreas de atuação dos empregados. Para se candidatar a uma especialização, os empregados passam por um processo seletivo que possibilita a priorização das áreas de investimento, bem como a identificação daqueles que apresentam propostas mais bem-fundamentadas e direcionadas para essas áreas.

É fundamental o reconhecimento institucional da importância do papel desempenhado pela educação corporativa na manutenção da Embrapa como uma empresa de excelência, capaz de motivar seus empregados e, principalmente, de atrair novos talentos interessados em continuar um desenvolvimento profissional que auxilie a empresa no enfrentamento da crescente complexidade dos problemas científicos e tecnológicos da agricultura brasileira.

Para concluir

Os casos das duas organizações apresentados nos mostram que, de forma estruturada e diferenciada, podem ser encontrados caminhos que, alinhados às estratégias organizacionais, nos levem às prioridades com vistas ao processo de desenvolvimento a ser instalado. Não é necessário apresentar a mesma estruturação, mas é essencial haver clareza das diretrizes estratégicas e táticas para o alcance dos objetivos por meio do desenvolvimento do capital intelectual da corporação.

Conclusão

Esperamos ter propiciado a você, leitor, estímulo à reflexão sobre conceitos e metodologias, referentes às novas tendências na área de capacitação e desenvolvimento de pessoas ou, mais especificamente, em educação e aprendizagem no âmbito organizacional.

O grande desafio neste milênio, no âmbito corporativo, compreende a integração de diversos fatores, variáveis e fenômenos, de natureza tanto tecnológica quanto humana.

É preciso que os dirigentes corporativos entendam que, ao gerenciar pessoas, lidam com um universo de diversidade de comportamentos, atitudes e culturas, os quais podem ou não possibilitar e facilitar o encontro de melhores resultados.

Fazer com que as pessoas se sintam acolhidas e valorizadas e assimilem, cognitiva e emocionalmente, o que é desejado significa dar relevância aos aspectos motivacionais e aos seus anseios. A estabilidade emocional dos empregados será, consequentemente, expressa na superação do desempenho com vistas às demandas corporativas do momento.

Mesmo sabedores de que não existe consenso sobre métodos e técnicas mais eficazes, temos certeza de que as reflexões contidas neste livro apontam o risco do conservadorismo estagnante, que pode levar nossas empresas ao insucesso e à perda de competitividade nos negócios.

Precisamos entender essa dinâmica da vida organizacional de tal forma que o conceito de aprender não seja mais uma questão de custo e, sim, o caminho para a gestão de talentos na qual o conhecimento se transforma no grande capital corporativo.

Os gestores do processo de aprendizagem precisam fazer com que as pessoas se sintam corresponsáveis pela missão da organização e incorporem o autodesenvolvimento como algo imprescindível no mundo atual, a fim de garantirem a retenção e o crescimento do seu ativo intelectual.

O processo consciente de desenvolvimento humano e organizacional perfaz a tônica do momento em que vivemos. É nossa a responsabilidade de despertar a ativa participação das pessoas, como forma de transmitir um valoroso legado às próximas gerações e compensar a letargia em que estivemos mergulhados, num ócio de contribuição criativa, relegando somente à ciência, aos cientistas, a capacidade de investigar e realizar descobertas, sendo esta uma atribuição de cada um de nós.

A sociedade do conhecimento tem como essência a libertação da expressão criativa individual e coletiva, que é antagônica à sociedade industrial, na qual imperava a imposição e o cerceamento do potencial humano.

Na contemporaneidade, uma organização se estabelece, cresce e contribui responsavelmente para a sociedade, pela soma do desenvolvimento, satisfação, realização, consciência e colaboração das pessoas que a constituem. Esvazia-se a ênfase do modelo econômico racional que vigorou durante todo o século XX, como premissa para as políticas organizacionais, e ratifica-se cada vez mais a importância do investimento no potencial das pessoas que fazem parte da organização, considerando-as seres integrais, únicos e flexíveis às turbulências do mundo atual.

Referências bibliográficas

ARAÚJO, Luís César G. de. *Organização, sistemas e métodos (e as modernas ferramentas de gestão organizacional)*. São Paulo: Atlas, 2001.

ARGYRIS, C. Double loop learning in organizations. *Harvard Business Review*, 1977.

BARROS, Jorge. P. Dalledone de. *Visão estratégica*. Rio de Janeiro: Senac Nacional, 2003.

BOOG, Gustavo B. *Manual de treinamento e desenvolvimento ABTD*. 3. ed. São Paulo: Makron, 1999.

CARBONE, Pedro Paulo et al. *Gestão por competência e gestão do conhecimento*. Rio de Janeiro: FGV, 2005.

CARNEIRO, Cleo. T&D e a estratégia de recursos humanos. In: BOOG, Gustavo G. (Coord.). *Manual de treinamento e desenvolvimento*: um guia de operações. Manual oficial da ABTD. 3. ed. atual. e ampl. São Paulo: Makron Books, 1999.

CARVALHO, Luiz Carlos Ferreira de. T&D estratégicos. In: BOOG, Gustavo G. (Coord.). *Manual de treinamento e desenvolvimento*: um guia de operações. Manual oficial da ABTD. 3. ed. atual. e ampl. São Paulo: Makron Books, 1999.

COSTA, Eliezer Arantes da. *Gestão estratégica*. São Paulo: Saraiva, 2002.

DAVEL, E.; VERGARA, S. C. (Orgs.). *Gestão com pessoas e subjetividade*. São Paulo: Atlas, 2001.

DE MASI, Domenico. *O ócio criativo*. Rio de Janeiro: Sextante, 2000.

DUTRA, Joel Souza. *Gestão de pessoas*: modelo, processos, tendências e perspectivas. São Paulo: Atlas, 2002.

FREIRE, Paulo. *Educação como prática da liberdade*. Rio de Janeiro: Paz e Terra, 1982.

GREEN, Paul. *Desenvolvendo competências consistentes*: como vincular sistemas de recursos humanos e estratégias organizacionais. Rio de Janeiro: Qualitymark, 1999.

GUBMAN, Edward. *Talento*: desenvolvendo pessoas e estratégias para obter resultados extraordinários. Tradução Ricardo Inojosa. Rio de Janeiro: Campus, 1999.

HAMEL, G.; PRAHALAD, C. K. *Competindo pelo futuro*. Rio de Janeiro: Campus, 1995.

KANAANE, Roberto; ORTIGOSO, Sandra Aparecida Formidari. *Manual de treinamento e desenvolvimento do potencial humano*. São Paulo: Atlas, 2001.

KNOWLES, Malcolm S. *The modern practice of adult education, from pedagogy to andragogy*. Cambridge, 1980.

______. *The adult learner, a neglected species*. 4. ed. Houston: Gulf, 1990.

KRUMM, Diane J. *Psychology at work*: an introduction to industrial/organization psychology. New York: Worth, 2000.

LOBATO, David Menezes et al. *Estratégia de empresas*. Rio de Janeiro: FGV, 2004.

MARSHALL JÚNIOR, Isnard et al. *Gestão da qualidade*. 3. ed. rev. atual. Rio de Janeiro: FGV, 2004.

MARTIN, Roger. *Mudando a mentalidade da empresa*. Rio de Janeiro: Campus, 2000. (Harvard Business Review).

MEISTER, Jeanne. *Educação corporativa*. São Paulo: Makron, 1999.

MOSCOVICI, Fela. *Equipes dão certo*. 6. ed. Rio de Janeiro: José Olympio, 2001.

NÚCLEO DE ESTUDOS SOBRE TRABALHO E EDUCAÇÃO. *Dicionário da educação profissional*. Belo Horizonte: Fidalgo e Machado, 2000.

OLIVEIRA, Djalma de Pinho Rebouças de. *Planejamento estratégico*: conceitos, metodologias e práticas. São Paulo: Atlas, 1992.

PALMEIRA, Cristina Gomes. *ROI de treinamento*: dicas de como mensurar o resultado financeiro das suas ações de treinamento. Rio de Janeiro: Qualitymark, 2004.

PRAHALAD, C. K.; RAMASWAMY, Venkatram. *Como incorporar as competências do cliente*. Rio de Janeiro: Campus, 2002. (Harvard Business Review).

REAL, Elizabeth Maria Mendonça; ARAÚJO, Maria Luiza Motta da Silva; TEIXEIRA, Máslova Valença. *Itinerários formativos*: metodologia de construção. Rio de Janeiro: Senac/DEP/CPA, 2005.

ROCHA-PINTO, Sandra Regina da. *Dimensões funcionais da gestão de pessoas*. Rio de Janeiro: FGV, 2003.

SANGRÁ, A. *EAD*. Universitat Oberta de Catalunya, 2000.

SENGE, Peter. *A quinta disciplina*. 12. ed. São Paulo: Best Seller, 1990.

SVEIBY, Karl Erik. *A nova riqueza das organizações*. Rio de Janeiro: Campus, 1998.

TACHIZAWA, Takeshy; FERREIRA, Victor Cláudio Paradela; FORTUNA, Antônio Alfredo Mello. *Gestão com pessoas*: uma abordagem aplicada às estratégias de negócio. 3. ed. Rio de Janeiro: FGV, 2004.

WARDMAN, Kellie T. *Criando organizações que aprendem*. São Paulo: Futura, 1996.

ZUÑIGA, Fernando Vargas. *Competencias clave y aprendizaje permanente*. Montevideo: Cinterfor, 2004.

As autoras

Luzia Pacheco

Mestre em psicossociologia e ecologia social pela Universidade Federal do Rio de Janeiro (UFRJ), com cátedra da Unesco em psicologia social. Psicóloga. Consultora de empresas na área de gestão de pessoas e RH. Especialista em jogos de empresa. Professora de cursos de pós-graduação *lato sensu* e MBA do FGV Management.

Anna Cherubina Scofano

Especialista em administração de empresas e negócios pela FGV. Pedagoga, com especialização em administração escolar. Mestranda em gestão de empresas pelo ISCTE (Portugal). Consultora de empresas e professora nos cursos de pós-graduação do FGV Management. Ex-gerente de recursos humanos do Senac-Rio. Autora e responsável pela implementação do *case* "O papel de RH ou o RH além de seu papel — Senac-Rio", apresentado no Congresso Nacional de Recursos Humanos (Conarh 2003).

Mara Beckert

Mestre em administração de recursos humanos pela Universidade de Extremadura (Espanha). Especializada em administração de RH e graduada em administração de empresas pela FAE Business School de Curitiba. Trajetória profissional construída com mais de 10 anos de experiência em áreas vinculadas à educação superior e gestão de pessoas. Professora nos cursos de pós-graduação do FGV Management.

Valéria de Souza

Mestre em administração pública pela FGV. Bacharel em administração de empresas e em administração pública pela Faculdade de Ciências Econômicas da Universidade Federal do Rio Grande do Sul. Professora nos cursos de pós-graduação da FGV. Consultora de empresas e coordenadora acadêmica do curso MBA em Gestão de Pessoas, do FGV Management.

Este livro foi impresso nas oficinas gráficas da Editora Vozes Ltda.,
Rua Frei Luís, 100 – Petrópolis, RJ.